# الحيـــاة الاجتماعيـــة

# في الإســـلام

تأليف

ناصرعبد اللطيف شنابلة

دار الكتاب الثقافي

الحيـاة الاجتماعيـة

في الإســلام

بسم الله الرحمن الرحيم

1430هـ - 2009م

رقم الإيداع لدى دائرة المكتبة الوطنية
(2008 / 7/2250)

269,31
شنابلة ، ناصر
الحياة الاجتماعية في الإسلام/ ناصر عبد اللطيف شنابلة.ـ إربد: دار الكتاب الثقافي، 2008
( ... ) ص.
ر.أ ( 2250 / 7 / 2008)

الواصفات: / المجتمع الإسلامي//الإسلام//التاريخ الإسلامي/

* تم إعداد بيانات الفهرسة والتصنيف الأولية من دائرة المكتبة الوطنية

دار الكتاب الثقافي
للطباعة والنشر والتوزيع
الأردن / إربد
شارع إيدون إشارة الإسكان
تلفون
(00962-2 - 7261616)
فاكس
(00962-2-7250347)
ص.ب (211-620347)

**Dar Al-Ketab**
PUBLISHERS
*Irbid - Jordan*
Tel:
(00962-2-7261616)
Fax:
(00962-2-7250347)
*P. O. Box: (211-620347)*
E-mail:
Dar_Alkitab1@hotmail.Com

دار المتنبي للنشر والتوزيع
الأردن - إربد - تلفاكس: (7261616)

ISBN 978-9957-492-44-1 ردمك

# الإهداء

إلى والدي وروح والدتي وإخواني

وزوجتي وأبنائي وإلى العاملين

لإعلاء كلمة الله في الأرض

# فهرس الموضوعات

# المقدمــة

لقد اضطرب فهم الناس ولا سيما المسلمين لحقيقة الحياة الاجتماعية في الإسلام ، وبعدوا في هذا الفهم عن حقيقة الإسلام وذلك ببعدهم عـن أفكـاره وأحكامـه، وكانوا بين مفرط كـل التفريط، يرى مـن حـق المرأة أن تخلو بالرجل كما تشاء، وأن تخرج كاشفة العورة باللباس الذي تـهواه ، وبين مفرط كـل الإفراط لا يرى مـن حـق المرأة أن تزاول التجارة أو الزراعـة، ولا أن تجتمع بالرجال مطلقـا ، ويرى أن جميع بدن المرأة عورة بما في ذلك وجهها وكفاهـا، وكان مـن جراء ذلك الإفراط والتفريط انهيـار فـي الخلق، وجمود فـي التفكير، نتج عنهما تصدع الناحية الاجتماعية ، وقلق فـي الأسرة الإسلامية، وغلبة روح التذمر والتأفف علـى أعضائها ، وكثرة المنازعات والشقاق بين أفرادها، وصار الشعور بالحاجة إلى جمـع شمل الأسرة وضمان سعادتها يملأ نفوس جميع المسلمين ، وصار البحث عن

علاج لهذه المشكلة الخطيرة يشغل بال الكثيرين، وصارت المحاولات متعددة لوضع علاج .

فوضعت المؤلفات التي تبين العلاج الاجتماعي ، وأدخلت التعديلات على قوانين المحاكم الشرعية ، وأنظمة الانتخابات .

وحاول الكثيرون تطبيق آرائهم على أهليهم من زوجات وأخوات وبنات ، وأدخلت على أنظمة المدارس تعديلات من حيث اختلاط الذكور بالإناث وهكذا دواليك.

ولكن جميع تلك المحاولات أُخفقت إخفاقاً ذريعاً لأنها لم توفق للعلاج ولم تهتدِ للنظام الإسلامي بأحكامه وأفكاره الناجحة في حل كل مشكل، وذلك لجهلها بأفكار الإسلام وأحكامه وتخبطها في فهم الواقع وإنزال الحكم عليه .

وكذلك فقد عمي عليهم فهم علاقة الرجل بالمرأة وعلاقة المرأة بالرجل، مما زاد الاضطراب والقلق من جراء محاولاتهم ، وصار في المجتمع هوة يخشى منها على كيان الأمة الإسلامية، بوصفها أمة متميزة بخصائصها، وسلوكها في الحياة .

وأصبح يخشى ـ على البيت الإسلامي أن يفقد طابع الإسلام ، وعلى الأسرة الإسلامية أن تفقد استنارة أفكار الإسلام وأحكامه .

أما سبب هذا الاضطراب الفكري والانحراف في الفهم عـن الصواب فيرجع إلى الغزوة الكاسحة التي غزتنا بها الحضارة الغربية وتحكمت في تفكيرنا وذوقنا تحكماً تاماً غيرت به مفاهيمنا عـن الحياة ومقاييسنا للأشياء وقناعاتنا التي كانت متأصلة في نفوسنا ، فكان انتصارها علينا شاملا جميع نواحي الحياة ومنها الحياة الاجتماعية .

ولم يتبين المسلمون استحالة أخذ الحضارة الغربية، وأنه لا يمكـن أخـذ هـذه الحضارة لأي جماعة في أي بلد إسلامي وتبقى هذه الجماعة جزءاً من الأمـة الإسلامية أو تبقى عليها صفة الجماعة الإسلامية .

واتخذت الحياة الاجتماعية في الغرب القدوة المحببة واتخـذت المجتمع الغربـي مقياساً دون أن يؤخذ بعين الاعتبار أن المجتمع الغربي لا يأبه بصلات الـذكورة والأنوثـة ولا يـرى أي معـرة أو طعـن أو مخالفـة للسـلوك الواجـب الاتبـاع . أو أي مسـاس في الأخلاق أو أي خطر عليها ، ودون أن يلاحـظ أن المجتمع الإسلامي يخالفه في هـذه النظرة مخالفة جوهرية ، ويناقضه مناقضة كلية لا تقبل الالتقاء ، وذلك لأن المجتمـع الإسلامي يعتبر صلات الذكورة والأنوثة دون قيد تعتبر من الكبائر وعليها عقوبة شديدة ، هي الجلد أو الرجم ويعتبر مرتكبها منبوذاً منحطاً منظوراً إليه بعين المقت والازدراء؛ لأن نظرة الإسلام للمرأة أنها عرض يجب أن يصان ، ولكن كثيراً مـن المسـلمين انـدفعوا وراء النقل والتقليد الأعمى

حتى لبست دعوة نهضة  المرأة ثوب الإباحية وعدم المبالاة للاتصاف بالخلق الذميم ،
وهكذا مضى هؤلاء الناقلون والمقلدون في تهديم الناحية الاجتماعية عند المسلمين
تحت اسم إنهاض المرأة ، وبحجة العمل لإنهاض الأمة ، وبالرغم من وجود علماء في
الأمة الإسلامية لا يقلون عن المجتهدين الأولين في العلم والاطلاع ، وبالرغم من وجود
ثروة فكرية وتشريعية بين أيدي المسلمين لا تدانيها أي ثروة لأية أمة في العالم  فإنه لم
يكن لذلك أي أثر في روع الناقلين والمقلدين ،  وفي إقناع الجاحدين بأي رأي إسلامي إذا
كان مخالفاً لما يريدون أن تكون عليه المرأة .

ولذلك كان لابد مـن دراسـة الحياة الاجتماعيـة دراسـة واعيـة، تعطـي العـلاج
الناجح لهذه العلاقة المميـزة ذات الطراز الخـاص . الـذي يمليه الشـرع المرتكـز عـلى
الكتاب والسنة وإن خـالف عقول المضبوعين بالثقافة الغربية وإن خالف العـادات
والتقاليد الواهية فذلك حكم الله .


ناصر شنابلة

# حكمـــة الـــزواج

تقوم المجتمعات البشرية عـلى تلك الـروابط والعلاقات التـي تتنـاول مصالح الأفراد ، ومصالح المجتمعات ، ولعل أهمها وأشدها تـأثيراً في حيـاة النـاس هو الحيـاة الزوجية . أي العلاقة التي تنشأ بين اجتماع الرجل والمرأة لبنـاء أسرة ذات كيـان ذاتي متفاعل مع محيطها من عادات وتقاليد ونظم تسود المجتمع المحيط.

والأسرة لم تنشأ عن عبث ، بل هـي السـبيل لإنجاب النسل واسـتمرار الحيـاة البشرية عن طريق غريزة النوع وما ينجم عنها من ميل جنسي ومظاهر متعددة مثـل الأبوة والأخوة والأمومة أو العطف والحنان وما إلى ذلك مـن مظاهر ، فالزواج الـذي يقوم على اجتماع الرجل والمرأة هـو أصل تلك المظاهر جميعها إذ لا يمكن أن تـأتي أمومة أو أبوة أو أخوة مـثلاً مـن غـير زواج، ومـا الـزواج في حقيقته إلا هـذا التنظيم لصلات الرجال والنساء على شكل معـين ، ووفق نظام خـاص ، يجب أن ينـتج عنه الإنجاب الشرعي الذي يؤدي  إلى تكاثر النوع  البشري ، واستمرار

الوجود الإنساني، والأسرة هي التكوين الطبيعي والصحيح للنظام الزوجي الذي تبنى عليه الحقوق والواجبات الزوجية ، وعلاقة الأهل بالأبناء ، وما يتفرع عن ذلك من صلات وروابط في إطار ونطاق المجتمع الواحد وفي علاقة هذا المجتمع مع غيره من المجتمعات الأخرى.

وقد عني الإسلام بالزواج عناية فائقة ، وأولاه اهتماماً بالغاً . وذلك نظراً لأهميته الكبيرة وتأثيره في حياة الأفراد والمجتمعات ، بل وفي حياة البشرية بأسرها.

فالإسلام الذي نظم هذه العلاقات والصلات بين الأفراد والمجتمعات يبين علاقة الإنسان بخالقه من عبادات وعقائد وعلاقته بنفسه من حيث المطعومات والمشروبات والملبوسات وعلاقته بالناس من معاملات وأحكام وأقضية وعقوبات.

فالزواج من المعاملات التي تحتاج إلى عقود، ولقد حث الإسلام على الزواج ونهى عن التبتل، أي الانقطاع عن الزواج لقول رسول الله صلى الله عليه وسلم: "لا رهبانية في الإسلام " لأن الرهبانية معناها الانقطاع عن النساء بقصد، وهو من ناحية يحث على الزواج بل ويأمر به لقول الله تعالى :

( فَانْكِحُوا مَا طَابَ لَكُمْ مِنَ النِّسَاءِ مَثْنَى وَثُلَاثَ وَرُبَاعَ )[1].

وعن قتادة عن الحسن عن سمرة أن النبي صلى الله عليه وسلم حض على التزوج ، وقرأ قتادة : ( وَأَنْكِحُوا الْأَيَامَى مِنْكُمْ وَالصَّالِحِينَ مِنْ عِبَادِكُمْ وَإِمَائِكُمْ )[3].

ولقد ورد أحاديث كثيرة تحث على الزواج فلقد ذكر مسلم في كتاب النكاح باب استحباب النكاح ما يلي: قال رسول الله صلى الله عليه وسلم: "**يا معشر الشباب من استطاع منكم الباءة فليتزوج؛ فإنه أغض للبصر وأحصن للفرج ، ومن لم يستطع فعليه بالصوم فإنه له وجاء**"[3]. وعن أبي بكر بن نافع عن أنس ، أن نفراً من أصحاب النبي صلى الله عليه وسلم سألوا أزواج النبي صلى الله عليه وسلم عن عمله في السِّرِّ، فقال بعضهم: لا أتزوج النساء،وقال بعضهم: لا آكل اللحم،وقال بعضهم: لا أنام على فراش، فحمد الله وأثنى عليه فقال :" **ما بال أقوام قالوا كذا وكذا ؟ لكني أصلي وأنام وأصوم وأفطر وأتزوج النساء ، فمن رغب عن سنتي فليس مني** "[4].

---

( ١ ) سورة النور آية ( ٣٢ ).          ( ٤ ) سورة الرعد آية ( ٣٨ ).

( ٣ ) صحيح مسلم كتاب النكاح ٣٣٩٨ رقم الحديث

( ٤ ) صحيح مسلم كتاب النكاح ٣٠٤٣ رقم الحديث

وعن أبي أمامة عن الرسول **صلى الله عليه وسلم** أنه قال :"**ما استفاد المؤمن بعد تقوى الله عز وجل خيراً من امرأة صالحة، إذا أمرها أطاعته، وإن نظر إليها سرته ، وإن أقسم عليها أبرته ، وإن غاب عنها نصحته وحفظته في نفسها وماله** " [1].

وعن عبد الله بن معاذ قال : حدثنا أبي حدثنا شعبة بن محارب عن جابر بن عبد الله قال : تزوجت امرأة فقال لي رسول الله **صلى الله عليه وسلم** :هل تزوجت ؟ قلت نعم ، قال : أبكراً أم ثيباً ؟ فقلت ثيباً ، قال : فأين أنت من العذارى ولعابها؟ قال شعبة: قد سمعته من جابر قال فهلا جارية تلاعبها وتلاعبك[2] . وكذلك الحديث الذي يرويه أبو هريرة عن النبي **صلى الله عليه وسلم** قال: " **تنكح المرأة لأربع ، لمالها ولحسبها ولجمالها ولدينها ، فاظفر بذات الدين تربت يداك** " [3].

وبعد سرد الأحاديث الصحيحة عن رسول الله **صلى الله عليه وسلم** يتبين لنا أن الرسول **صلى الله عليه وسلم** قد نصح الرجال الزواج من المرأة البكر والولود التي تعرف عن طريق العلم بأمها وخالاتها وعماتها ، وأن تكون من ذوات الدين ومن الجميلات لكي تستر زوجها إذا رآها وتعف نفسه عمن سواها .

---

( ١ ) رواه ابن ماجه

( ٢ ) رواه مسلم في صحيحه كتاب الرضاع ٣٦٣٧.

( ٣ ) صحيح مسلم كتاب الرضاع.

وهذا من باب الاستحباب والمفاضلة ليس غير والأمر يعود للرجل أن يختار المرأة الصالحة وكما يعود للمرأة أن تختار الزوج الذي ترضاه عن طيب نفس دون إكراه .

ولقد ثبت أيضا من أقوال الرسول **صلى الله عليه وسلم**: " **المؤمنون بعضهم أكفاء بعض** " ، فجميع المسلمين رجالاً ونساءً بعضهم أكفاء بعض ، ولا قيمة للفوارق بين الرجل والمرأة من حيث المال أو الصنعة أو المركز الاجتماعي وعلى ذلك فابن المزارع كفء لبنت أمير المؤمنين وابن أمير المؤمنين كفء لابنة خباز أو حلاق والفضل الوحيد في الكفاءة هو تقوى الله تعالى؛ بقوله تعالى: ﴿ إِنَّ أَكْرَمَكُمْ عِنْدَ اللَّهِ أَتْقَاكُمْ ﴾[1] .

وخير دليل على ذلك فعل الرسول **صلى الله عليه وسلم** فلم يميز بين المؤمنين بعضهم ببعض ، فلقد زوج **صلى الله عليه وسلم** ابنة خالته زينب بنت جحش - التي هي ذؤابة قريش - من زيد بن ثابت وهو مولى قد أعتق ، وعن عبيد الله بن بريدة عن أبيه قال : جاءت فتاة إلى رسول الله **صلى الله عليه وسلم** فقالت : إن أبي زوجني ابن أخيه ليرفع بي خسيسته ، قال عبيد الله : فجعل الرسول **صلى الله عليه وسلم** الأمر إليها فقالت : قد أجزت ما صنع أبي ، ولكن أردت أن أُعلم النساء أن ليس إلى الآباء من الأمر شيء . وقولها يعني أن أباها قد زوجها ابن عمها ليرفع شأنه بتزوجه منها مع أنها لم تكن راضية بالزواج

---

(١) سورة الحجرات آية(١٣).

منه ولكنها عادت ورضيت به بملء إرادتها؛ لأن الأمر يعود لها وحدها وليس للآباء أن يجبروا بناتهم على الزواج من أي إنسان .

وعن أبي حاتم المزني أن رسول الله **صلى الله عليه وسلم** قال: **" إذا أتاكم من ترضون دينه وخلقه فأنكحوه إلا تفعلوا تكن فتنة في الأرض وفساد كبير"** ، قالوا يا رسول الله، فإن كان فيه ؟ قال: إذا جاءكم من ترضون دينه وخلقه فأنكحوه . قالها ثلاث مرات[1].

وعن حنظلة بن أبي سفيان الجمحي عن أمه أنها قالت : رأيت أخت عبد الرحمن بن عوف تحت بلال؛ أي أنها تزوجت منه ، والنص القطعي ما جاء في القرآن الكريم قوله تعالى :( إِنَّ أَكْرَمَكُمْ عِنْدَ اللَّهِ أَتْقَاكُمْ )، وقول الرسول **صلى الله عليه وسلم: "لا فضل لعربي على أعجمي إلا بالتقوى"**، وكذلك فقد أجاز الشرع للمسلمين أن يتزوجوا من غير المسلمات من المرأة الكتابية ، يهودية كانت أو نصرانية وذلك لقوله تعالى : ( الْيَوْمَ أُحِلَّ لَكُمُ الطَّيِّبَاتُ وَطَعَامُ الَّذِينَ أُوتُوا الْكِتَابَ حِلٌّ لَكُمْ وَطَعَامُكُمْ حِلٌّ لَهُمْ وَالْمُحْصَنَاتُ مِنَ الْمُؤْمِنَاتِ وَالْمُحْصَنَاتُ مِنَ الَّذِينَ أُوتُوا الْكِتَابَ مِنْ قَبْلِكُمْ إِذَا آتَيْتُمُوهُنَّ أُجُورَهُنَّ مُحْصِنِينَ غَيْرَ مُسَافِحِينَ وَلَا مُتَّخِذِي أَخْدَانٍ )[2]. فهذا الخطاب في هذا السياق يبين بدلالة واضحة وصريحة في أن المحصنات من

---

( ١ ) ابن ماجه، كتاب النكاح ج،١.

( ٢ ) سورة المائدة آية(٦).

الذين أوتوا الكتاب (اليهود والنصارى ) يحل للمسلم الزواج منهن ، على أن يوفيهن أجورهن أي مهورهن وأن يتخذ المرأة زوجة له .

أما زواج المرأة المسلمة من كتابي ؛ أي يهودي أو نصراني فحرام شرعاً ، وغير جائز مطلقاً وإن حصل فهو باطل ، لا ينعقد، وهذا التحريم ثابت بنص قرآني قطعي لا يقبل المناقشة .

( يَا أَيُّهَا الَّذِينَ آمَنُوا إِذَا جَاءَكُمُ الْمُؤْمِنَاتُ مُهَاجِرَاتٍ فَامْتَحِنُوهُنَّ اللَّهُ أَعْلَمُ بِإِيمَانِهِنَّ فَإِنْ عَلِمْتُمُوهُنَّ مُؤْمِنَاتٍ فَلَا تَرْجِعُوهُنَّ إِلَى الْكُفَّارِ لَا هُنَّ حِلٌّ لَهُمْ وَلَا هُمْ يَحِلُّونَ لَهُنَّ) [(١)].

فهذا النص القرآني صريح وواضح بأن المسلمات لا هن حل للكفار، ولا الكفار يحلون لهن ، ولا ينعقد الزواج بين المرأة المسلمة والكافر ، وقد عبّر عن المشركين بكلمة الكفار للتعميم ، لأن مَنْ لا يؤمن بنبوة محمد **صلى الله عليه وسلم** -سواء أكان كتابياً أم مشركاً - فهو كافر بتوحيد الله عز وجل وبنبوة رسول الله **صلى الله عليه وسلم** ، وأما المشركون وهم غير أهل الكتاب كالمجوس والصابئة والبوذيين والوثنيين وأمثالهم ، فإنه لا يجوز التزوج ولا التزويج منهم إطلاقاً، لا المسلم ينبغي له أن يتزوج مشركة ولا المسلمة ينبغي لها أن تتزوج مشركاً مطلقاً وذلك بصريح النص القرآني

---

( ١ ) سورة المتحنة آية(١٠).

بقوله تعالى : ( وَلَا تَنْكِحُوا الْمُشْرِكَاتِ حَتَّى يُؤْمِنَّ وَلَأَمَةٌ مُؤْمِنَةٌ خَيْرٌ مِنْ مُشْرِكَةٍ وَلَوْ أَعْجَبَتْكُمْ وَلَا تُنْكِحُوا الْمُشْرِكِينَ حَتَّى يُؤْمِنُوا وَلَعَبْدٌ مُؤْمِنٌ خَيْرٌ مِنْ مُشْرِكٍ وَلَوْ أَعْجَبَكُمْ )[1].

فهذه الآية تحرم نكاح المشركة على المسلم ، ونكاح المشرك على المسلمة تحريما قاطعاً ، وإذا وقع مثل هذا النكاح كان باطلاً شرعاً .

وعن الحسن بن محمد قال: "كتب رسول الله **صلى الله عليه وسلم** إلى مجوس **"هجر"** يدعوهم إلى الإسلام فمن أسلم قُبل منه ، أن لا تؤكل ذبيحة ليست من الجزية وأن لا تؤكل له ذبيحة ولا تنكح له امرأة" ، ولهذا يكون الشرع الإسلامي قد بين أهمية الزواج في الحياة ، وبين كذلك أخلاق وفضل من يقدم على الزواج ولصون نفسه ، وبناء الأسرة المتميزة التي تنجب الرجال الرجال وتنجب النساء النساء الذين يصنعون المجتمع الإسلامي النظيف .

---

( ١ ) سورة البقرة آية(٢٢١).

# الخِطبة

الخطبة هي في الحقيقة إظهار الرغبة في الزواج بـامرأة معينـة لأنهـا غالبـاً مـا تصدر عن الرجل، وإعلامها هي أو وليها بذلك ، وقد يتم هذا الإعلام على يد الخاطب مباشرة ، أو بواسطة أهله ، ولذلك تعتبر الخطوبة أهم مقدمة من مقدمات الزواج .

أما الحكمة منها فهي الحـرص عـلى إقامـة زواج بقـرار مكين يحقق المعـاشرة الطيبة ، وبناء أسرة يظللها الاستقرار والسعادة ، بما يحول دون التصدع الداخلي لأتفه الأسباب .

ففي فترة الخطبة يُسمح للرجل والمرأة أن يلتقيا بحضور الأهل للتعارف بينهما ، وحتى يفهم كل واحد منهما الآخر ويتعرف على عاداتـه وتقاليـده وطباعـه . فتكـون هذه المعرفة أثناء الخطبة حامية للرابطة الزوجية من كل نزاع فيما بعد ، وحتى ينشأ الأولاد في المستقبل بعد الزواج نشأة طيبة تسودها أجواء الوفاق بـين الوالـدين في جـو من المحبة والألفة والاطمئنان والسكينة .

وكذلك فالخطبة في الحقيقة هي مجرد وعد بالزواج ، وليست زواجاً لأن الزواج لا يتم إلا بعد إجراء عقد النكاح ، ولذلك يبقى كل من الخطيبين أجنبياً عن الآخر ، ولا يحل للخاطب الإطلاع إلا على الوجه والكفين المباح النظر إليهما شرعاً لدى المرأة .

وأما ما يشيع بين الجهلة من الناس من أن قراءة الفاتحة التي تدل على الرضا بالخطوبة ، تبيح كثيراً من الأمور فهو خطأ كبير وأمر منكر ، لأن الخطبة ليست عقداً ، والعقد وحده هو الذي يبيح ما كان محرما قبله .

وأما ما يتعلق بمن يخطب بنتاً بعد أن خطبت من غيره ، فقد حرمها الشرع لقول رسول الله **صلى الله عليه وسلم** : "لا يبِعْ أحدكم على بيع أخيه ، ولا يخطب على خطبة أخيه ، إلا أن يؤذن له" [1].

وفي رواية أخرى عن عقبة بن عامر عن رسول الله **صلى الله عليه وسلم** أنه قال : **" المؤمن أخو المؤمن فلا يحل للمؤمن أن يبتاع على بيع أخيه ، ولا يخطب على خطبة أخيه حتى يذر"** [2].

---

( ١ ) رواه مسلم وأحمد.

( ٢ ) صحيح مسلم ج٢ رقم ١٤١٤.

وفي رواية البخاري عن رسول الله **صلى الله عليه وسلم** أنه نهى أن يبيع الرجل على بيع أخيه ، وأن يخطب الرجل على خطبة أخيه حتى يترك الخاطب قبله ، أو يأذن له الخاطب .

فهذا نهي صريح للمسلم أن يخطب على خطبة أخيه ما لم يترك الأول ، وسبب التحريم للخطبة الثانية أنها قد تحدث نكثاً بالوعد ، وإيذاءً للخاطب الأول ، وزرعاً للضغينة في نفسه ، وقد تؤدي إلى العداوة والبغضاء بين الأهل ، وهذا مكروه في الإسلام الذي يحرص على معاني الأخوة بين المسلمين .

أما إذا تقدم أكثر من خاطب ولم يصدر قول نهائي بالموافقة لأحدهم، فالخطبة الثانية تكون جائزة ، ولذلك يحق للرجل أن يخطب المرأة ، لأنها لا تعتبر مخطوبة لأحد . فقد روت فاطمة بنت قيس من أنها أتت رسول الله **صلى الله عليه وسلم** فذكرت أنه جاءها خاطبان هما فلان وفلان ، فقال لها رسول الله **صلى الله عليه وسلم** : "أما أبو جهم فلا يضع عصاه عن عاتقه ، وأما معاوية فصعلوك لا مال له ، انكحي أسامة بن زيد"[1].

فهذا يدل على جواز تقدم أكثر من خاطب إذا لم تقبل المرأة الخطبة من أحد قبل ، أو إذا مازال لم يعطى الخاطب الرد النهائي بالموافقة على

---

(١) رواه مسلم وارد في سبيل الإسلام ١٢٩/٣.

الخطبة وإن خطبت المرأة فإن لها وحدها الحق في قبول الزواج أو رفضه ، وليس لأحد من أوليائها ولا من غيرهم تزويجها بغير إذنها ، ولا منعها من الزواج ، فقد روي عن ابن عباس أنه قال : قال رسول الله **صلى الله عليه وسلم** : **" الثيب أحق بنفسها من وليها ، والبكر تستأذن في نفسها ، وإذنها صماتها أي سكوتها "** .

وعن ابن عباس رضي الله عنه عن رسول الله **صلى الله عليه وسلم** أنه قال لجارية بكرٍ أتته فذكرت أن أباها زوجها وهي كارهة، فخيرها الرسول **صلى الله عليه وسلم**[1] .

وعن الخنساء بنت حذام الأنصارية أن أباها زوجها وهي ثيب ، فكرهت ذلك ، فأتت رسول الله **صلى الله عليه وسلم** فردّ نكاحها ، وهذه الأحاديث وغيرها تبين بشكل صريح بأن موافقة المرأة أو قبولها هما الأصل في عقد الزواج ، فإذا رفضت أو كرهت ، جاز الفسخ لعقد زواجها إلا إذا رضيت بذلك وأقرته ، وأما النهي عن منع المرأة من الرجوع إلى زوجها إذا كانت مطلقة ويرغب فيها من جديد فهو ثابت بالنص القرآني ، قال تعالى في محكم التنزيل : (فَلَا تَعْضُلُوهُنَّ أَنْ يَنْكِحْنَ أَزْوَاجَهُنَّ إِذَا تَرَاضَوْا بَيْنَهُمْ بِالْمَعْرُوفِ)[2].

---

( ١ ) صحيح مسلم ج٢ ١٤٢١.

( ٢ ) سورة البقرة آية(٢٣٢).

ومعنى فلا تعضلوهن ، أي لا تمنعوهن وتمسكوهن من التزويج ، وسبب نزول هذه الآية أن معقل بن يسار زوّج أختاً له من رجل مُطَلِّقٍ حتى إذا انقضت عدتها جاء يخطبها ، فقال له : زوجتك وأفرشتك وأكرمتك فطلقتها ثم جئت تخطبها ، لا والله لا تعود إليك أبداً ، ويبدو أن الرجل والمرأة كانا يريدان الرجوع، فأنزل الله تعالى : (فَلَا تَعْضُلُوهُنَّ ) فجاء عندئذ معقل إلى رسول الله **صلى الله عليه وسلم** قائلا : الآن أفعل يا رسول الله، أو أنه قال : فزوجتها إياه ، وفي رواية أنه قال: فكفرت عن يميني وأنكحتها إياه .

والعضل هو منع المرأة من التزويج وهو حرام شرعا ، وفاعله يرتكب إثما ، ولاسيما إذا طلبت هي ذلك ، مما يؤكد على أن الخيار للمرأة وحدها ، فهي صاحبة القرار إذا طُلبت للزواج أن ترفض أو توافق .

فقد روي أن عمرو بن حُجُر، ملك كندة خطب أم إياس بنت عوف الشيباني ، فلما حان موعد زفافها إليه خلت بها أمها أمامة بنت الحارث، فأوصتها وصيةً في منتهى الروعة لقيمتها وبلاغتها وبنائها لحياة زوجية سعيدة ، وما يجب على المرأة اتجاه زوجها وصاحبها في الحياة الدنيا ، فقالت : أي بنية إن الوصية لو تُركت لفضل أدب لتركت ذلك لك ، لكنها تذكرة الغافل ، ومعونة العاقل ، ولو أي امرأة استغنت عن

الزواج لغنى أبويها ، وشدة حاجتها إليهما ، كنتِ أغنى الناس عنه ، ولكن النساء للرجال خُلقن ، ولهن خُلق الرجال .

أي بنية إنك فارقت الجو الذي منه خرجت ، وخلّفْت المسكن الذي فيه درجت إلى مسكن لم تعرفيه ، وقرين لم تألفيه ، فأصبح ملكه عليك رقيبا ومليكا فكوني له أمة يكن لك عبداً وشيكاً ، واحفظي له خصالاً عشراً ، يكن لك ذخراً :

**الأولى والثانية :** الخشوع له بالقناعة ، وحُسن السمع والطاعة له .

**والثالثة والرابعة :** التفقد لمواضع عينه وأنفه ، فلا تقع عينه منك على قبيح ، ولا يشم أنفه منك إلا أطيب ريح .

**والخامسة والسادسة :** التفقد وقت منامه وطعامه ، فإن تواتر الجوع ملهبةٌ ، وتنغيص النوم مغضبة .

**والسابعة والثامنة :** الاحتراس بماله ، والرعاية على حشمه وعياله، وحلال الأمر في المال حسن التقدير ، وفي العيال حسن التدبير .

**والتاسعة والعاشرة :** لا تعصين له أمراً ، ولا تفشين له سراً ، فإنك إن خالفت أمره أوغرتِ صدره، وإن أفشيتِ سره لم تأمني غدره ، ثم إياك والفرح بين يديه إن كان مهموماً ، والكآبة بين يديه إن كان فرحاً .

هذه الوصية من أم لابنتها تبين فيها خصال عظيمة لو تمتعت بها امرأة لأصبحت أفضل الزوجات وأكثرهن حبا من الزوج ، ولأصبحت قادرة على أن تنشئ جيلاً من الأبناء والبنات الصالحين .

ومن الأمور التي يستأنس بها للخاطب أن يستفتح بخطبة الحاجة التي تركها الرسول **صلى الله عليه وسلم** ذخراً للمسلمين ، فعن عبد الله بن مسعود قال : أوتي رسول الله **صلى الله عليه وسلم** فواتح الخير وخواتمه . فعلمنا خطبة الحاجة ، يقول :" **الحمد لله نحمده ونستعينه ونستغفره ونعوذ به من شرور أنفسنا ومن سيئات أعمالنا ، من يهدِ الله فلا مضل له ، ومن يضلل الله فلا هادي له ، وأشهد أن لا إله إلا الله وحده لا شريك له ، وأشهد أن محمداً عبده ورسوله . أما بعد قال الله تعالى في محكم التنزيل :** ( يَا أَيُّهَا الَّذِينَ آَمَنُوا اتَّقُوا اللَّهَ حَقَّ تُقَاتِهِ وَلَا تَمُوتُنَّ إِلَّا وَأَنْتُمْ مُسْلِمُونَ )[1].

وقال تعالى : (يَا أَيُّهَا الَّذِينَ آَمَنُوا اتَّقُوا اللَّهَ وَقُولُوا قَوْلًا سَدِيدًا (٧٠) يُصْلِحْ لَكُمْ أَعْمَالَكُمْ وَيَغْفِرْ لَكُمْ ذُنُوبَكُمْ وَمَنْ يُطِعِ اللَّهَ وَرَسُولَهُ فَقَدْ فَازَ فَوْزًا عَظِيمًا )[2].

---

( ١ ) سورة آل عمران آية(١٠٢). (٢) سورة النساء آية (١).

( ٢ ) سورة الأحزاب آية (٧٠-٧١).

# عقـد الـزواج

ينعقد الزواج بإيجاب وقبول شرعيين ، فالإيجاب هو ما صدر أولاً من كلام أحد العاقدين ، والقبول ما صدر ثانياً من كلام العاقد الآخر ، كأن تقول المخطوبة للخاطب زوجتك نفسي ، فيقول الخاطب : قبلت ، أو كأن يقول العكس ، وكما يكون الإيجاب والقبول بين الخاطبين مباشرة ، يصح أن يكون بين وكيليهما ، أو بين أحدهما ووكيل الآخر ، ويشترط في الإيجاب أن يكون بلفظ التزويج على سنة الله ورسوله على مهر معلوم ويرد الاثنان بالإيجاب والقبول .

ولا بـد أن يكـون الإيجـاب والقبول بلفـظ المـاضي، مثـل زوجـت وقبلـت، أو أحدهما بلفظ الماضي والآخر بلفظ المستقبل، لأن الزواج عقد ولا بـد لانعقـاد الـزواج من شروط أربعة حتى يتم الزواج الشرعي وهي :

**الشرط الأول** : اتحاد مجلس الإيجاب والقبول ، أي لا بد أن يحضر العاقدان في نفس البلد الذي يصدر فيه الإيجاب والقبول من كليهما ، فإن كان أحد الخطيبين في بلد والآخر في بلد آخر وكتب الخاطب إلى

رجل يقيّمه وكيلاً عنه في الخطبة ، وإجراء عقد الزواج منها بالوكالة ، ثم أجرى الوكيل ذلك تمت الخطبة وعقد الزواج ، ولكن يشترط في هذه الحالة أن يُقرأ الكتاب على الشاهدين ويسمعا عباراته بوضوح .

**الشرط الثاني :** أن يسمع كل من العاقدين كلام الآخر ، وأن يفهمه ، بأن يعلم أنه يريد عقد الزواج بما يقول ، فإن لم يفهم أحدهما قصد الآخر لا ينعقد الزواج ، ومثال ذلك كأن يلقن الرجل امرأة عبارة : زوجتك نفسي- باللغة الإنجليزية أو الهندية ولم تعلم منه عقد الزواج لأنها لا تعرف الإنجليزية أو الهندية فإن عقد الزواج لا يصلح .

**الشرط الثالث:** عدم مخالفة القبول للإيجاب، بصورة جزئية أو كلية .

**الشرط الرابع :** أن يكون الشرع قد أباح زواج العاقدين أحدهما من الآخر ، بأن يكون الرجل والمرأة مسلمين ومن غير المحارم ، أو أن يكون الرجل مسلماً والمرأة من أهل الكتاب- من اليهود أو النصارى -.

ومجرد حصول الإيجاب والقبول من المرأة والرجل مشافهة أو بواسطة وكيل ـ مع استيفاء الشروط الأربعة ـ يكون الزواج صحيحاً .

ولا يشترط في عقد الزواج أن يكون مكتوباً أو أن يسجل بوثيقة ، وإن حصل هذا التسجيل فهو مجرد توثق لحفظ الحقوق ، والله أعلم .

والدليل على اشتراط لفظ الزواج أو النكاح في الإيجاب قوله

تعالى : (زَوَّجْنَاكَهَا)[1]، وقوله تعالى :(وَلَا تَنْكِحُوا مَا نَكَحَ آبَاؤُكُمْ مِنَ النِّسَاءِ )[2]. وكذلك هذا ما أجمع عليه الصحابة رضوان الله عليهم وأما ما يتعلق بالشروط الأخرى :

من وجوب اتحاد مجلس الإيجاب والقبول فلأن حكم المجلس حكم حالة العقد ، فإن تفرق الرجل والمرأة قبل القبول ، بطل الإيجاب لأنه لا يكفي وحده ، وإن تشاغلا عن القبول بما يقطعه فهذا يعني الإعراض عن العقد ، وعدم استكماله .

وكذلك من ناحية كون المرأة محلاً لعقد الزواج فلأن الشرع قد حرم زواج بعض النساء ، كما حرم الجمع بين بعض النساء ، فإذا ورد العقد على من حُـرِّم الـزواج منهـا فقد بطل العقد وبطل الزواج .

وأما من ناحية وجود شاهدين مسلمين ، فلأن القرآن الكريم قد شرط هذين الشاهدين في إرجاع المطلقة طلاقاً رجعياً إلى زوجها، قال تعالى : ( فَإِذَا بَلَغْنَ أَجَلَهُنَّ فَأَمْسِكُوهُنَّ بِمَعْرُوفٍ أَوْ فَارِقُوهُنَّ بِمَعْرُوفٍ وَأَشْهِدُوا ذَوَيْ عَدْلٍ مِنْكُمْ )[3].

فإذا كانت الرجعة إلى الزوجية يشترط لها شاهدان مسلمان عدلان، فإن إنشاء الزوجية يحتاج لوجود هذين الشاهدين .

---

( ١ ) سورة الأحزاب آية (٣٧).
(٢) سورة النساء آية (٢٢).
( ٣ ) سورة الطلاق آية (٢).

# الـــزواج المدنـــي

**واقع الزواج المدني هو** : اتفاقية تعقد بين رجل وامرأة على المعاشرة ، وعلى الطلاق وعلى ما يترتب على ذلك من تصرف وخروج من البيت وطاعتها له وطاعته لها وما شابه ذلك ، ومن بنوة ولمن يكون الإبن ولمن تكون البنت ، وكذلك ما يجري من اتفاق على الإرث والنسب ، وما يترتب على المعاشرة الزوجية من شروط يتفقان عليها ويلتزمان بها التزاماً كاملاً .

والزواج المدني يطلق لكل من الرجل والمرأة أن يتزوجا ما يشاءا، فيتزوج الرجل أي امرأة كانت وللمرأة أن تتزوج أي رجل ، حسب الاتفاق الذي يتراضيان عليه ، ومن هنا كان الزواج المدني غير جائز شرعاً، ولا ينظر إليه أنه زواج شرعي مطلقاً ، كما لا يعتبر عقد نكاح فلا قيمة له حيث أنه لا يشترط وجود شاهدين فيصبح بدونهما ، وإذا وجدا لا يشترط فيهما أن يكونا مسلمين إذا كان طرفا الاتفاقية أو أحدهما مسلماً .

فقد يحصل الزواج بين مسلم ومشركة أو من تعامل معاملة المشركين ، أو بين مسلمة وغير مسلم وعلى هذا يكون ما يسمى بالزواج المدني ليس اتفاقية زواج فحسب بل اتفاقية زواج ونسب ونفقة وإرث وبنوة وحضانة وطلاق ؛ فهو ليس عقد زواج بل هو نظام معاشرة رجل لامرأة أو امرأة لرجل وما يترتب على هذه المعاشرة من اتفاقيات وهو نكاح باطل مخالف للشرع .

أما إن حصل زواج سري بين مسلم ومسلمة ، أو بين مسلم وكتابية - إنجليزية أو أمريكية أو سويدية .. الخ - فإنه يُنظر إلى كيفية إجراء العقد بينهما ، فإن كان يحوي شروط الإيجاب والقبول بألفاظ التزويج والنكاح مع استيفائهما لجميع شروط العقد الشرعي ، ووجود الشاهدين على الزواج ، كان الزواج شرعياً ، لأنه قد استكمل جميع شروط العقد الشرعي ، وبذلك يعتبر الزواج شرعياً .

# الحياة الزوجية

إن الحياة الزوجية لا تقوم على الشركة كما يشاع بين الناس ، وإنما تقوم على أساس الصحبة والعشرة ، يصحب فيها كل منهما الآخر صحبة تامة قوامها الاطمئنان والسكينة والألفة والمودة والثقة قال تعالى في محكم التنزيل : (هُوَ الَّذِي خَلَقَكُمْ مِنْ نَفْسٍ وَاحِدَةٍ وَجَعَلَ مِنْهَا زَوْجَهَا لِيَسْكُنَ إِلَيْهَا)[1] وقال تعالى : (وَمِنْ آيَاتِهِ أَنْ خَلَقَ لَكُمْ مِنْ أَنْفُسِكُمْ أَزْوَاجًا لِتَسْكُنُوا إِلَيْهَا وَجَعَلَ بَيْنَكُمْ مَوَدَّةً وَرَحْمَةً إِنَّ فِي ذَلِكَ لَآيَاتٍ لِقَوْمٍ يَتَفَكَّرُونَ)[2].

فهذا السياق القرآني الفريد يدل دلالة واضحة المعاني ، بأن السكن هو الاطمئنان المتبادل بين الزوجين ، حيث يطمئن الزوج لزوجته ، والزوجة لزوجها ، وكذلك المودة فهي التي تؤلف الحب

---

(١) سورة الأعراف آية (١٨٩).
(٢) سورة الروم أية (٢١).

والحنان والأنس وكذلك  الرحمة ؛ فهي الرأفة والعون والعطف ، وكلها من مقومات الحياة الزوجية السعيدة التي ينعم بها الزوج والزوجة .

وحتى تكون هذه الصحبة بين الزوجين صحبة هناء وطمأنينة بيّن الشرع ما للزوجة من حقوق على الزوج ، وجاءت الآيات والأحاديث صريحة واضحة ، قال تعالى : (وَلَهُنَّ مِثْلُ الَّذِي عَلَيْهِنَّ بِالْمَعْرُوفِ)[1].

فلهنّ من الحقوق الزوجية على الرجال مثل ما للرجال عليهن ، وبذلك قال ابن عباس : إني لأتزين لامرأتي كما تتزين لي ، وأحب أن استنفذ كل حقي الذي لي عليها فتستوجب حقها الذي  لها علي لأن الله تعالى  قال : (وَلَهُنَّ مِثْلُ الَّذِي عَلَيْهِنَّ بِالْمَعْرُوفِ) وقال ابن عباس : لهن من حسن الصحبة والعشرة مثل الذي عليهن من الطاعة فيما أوجبه الله عليهن لأزواجهن .

ولقد أمر الله سبحانه وتعالى بحسن العشرة بين الزوجين فقال عز وجل: (وَلَهُنَّ مِثْلُ الَّذِي عَلَيْهِنَّ بِالْمَعْرُوفِ)[2] وقال جل وعلا: (فَإِمْسَاكٌ بِمَعْرُوفٍ)[3].

---

(١)  سورة البقرة آية (٢٢٨).

(٢)  سورة النساء آية (١٩).

(٣)  سورة البقرة آية (٢٢٩).

والعشرة هي المخالطة والممازجة ، فيكون أمر الله تعالى أن يحسـن الرجـال صحبة النساء إذا عقدوا عليهن ، لتكون الخلطة ما بينهم ، والصحبة مع بعضهم بعضاً على أكمل وجه ، حتى يكون أهدأ للنفس ، وأهنأ للعيـش ، ومـن مزايـا الـزوج حسـن العشرة ، وأن يقيم حياتـه معهـا بـالمعروف فيحسـن معاملتهـا ، وأن يكـون بشوشـاً في وجهها وليّن القـول ، وأن يظهر الميـل إليهـا ،   فلقـد وصى رسـول الله  **صلى الله عليه وسلم**الرجال بالنساء خيراً ، روى مسلم في صحيحه عـن جـابر عـن رسـول الله **صلى الله عليه وسلم** عندما ألقى خطبته في حجـة  الـوداع  قال : ( اتقوا الله في النساء فإنكم أخذتموهن بأمانة الله ، واستحللتم فروجهن بكلمـة الله ، ولكـم  عليهـن  أن لا  يـوطئن فرشكم أحداً تكرهونه ، فإن فعلن ذلك  فاضربوهن  ضرباً  غير مُبَرِّح ، ولهن رزقهن وكسوتهن بالمعروف ) ، وروي عن رسول الله **صلى الله عليه وسلم** أنه قـال : ( خيركم خيركم لأهله ، وأنا خيركم لأهلي ) [1].

وروي عنه **صلى الله عليه وسلم** أنه كان جميل العشرة ، يداعب أهله ويتلطف بهم ، ويضاحك نساءه ويسابقهن أحياناً ومن المشهور عـن رسـول الله **صلى الله عليه وسلم** أنه كان إذا صلى العشاء يدخل منزله ، ويسهر مـع أهله قبـل أن ينـام ، لـكي يؤانسهم ويضاحكهم   ، وفي رواية لابن ماجة عن رسول الله **صلى الله عليه وسلم** أنه

---

( ١ )  ابن ماجه كتاب النكاح/١٩٧٧.

قال : " **خياركم خياركم لنسائهم** " ، فمن خيرية الزوج أن يدخل على زوجته الطمأنينة والسكينة والفرح .

وكل هذا الذي ورد بالأدلة الشرعية يدل دلالة واضحة على أن يحسن الأزواج العشرة لأزواجهم إلا أن الطبائع البشرية تحمل كثيراً من الاضطراب والانفعال ، وقد لا تتوفر الظروف الحياتية المواتية ، وذلك لظروف وعوامل داخلية وخارجية ، فيحصل من جراء ذلك ما يعكر صفو الحياة الزوجية ، ولكي لا يختل التوازن داخل الأسرة ، فقد جعل الله تعالى قيادة البيت للزوج، وجعل القوامة للرجل قال تعالى : **ﭽ ﭑ ﭒ ﭓ ﭔ ﭼ**[1]، وقال تعالى : **ﭽ ﮕ ﮖ ﮗ ﮘ ﮙ ﮚ ﮛ ﮜ ﮝ ﭼ**[2].

ولقد أوصى رسول الله **صلى الله عليه وسلم** المرأة بطاعة زوجها فقال **صلى الله عليه وسلم**: "**إذا باتت المرأة هاجرة فراش زوجها لعنتها الملائكة حتى ترجع** "، وقال ذات يوم لامرأة :" أذات زوجٍ أنت ، قالت: نعم ، فقال **صلى الله عليه وسلم** : "فإنه جنتك ونارك" .

وروى البخاري أن النبي **صلى الله عليه وسلم** قال: " **لا يحل لامرأة أن تصوم وزوجها شاهد إلا بإذنه ، وما أنفقت من نفقة من غير إذنه فإنه يرد إليه**

---

( ١ ) سورة النساء آية (٣٤).

( ٢ ) سورة البقرة آية (٢٢٨).

شطره" وروى ابن بطة في أحكام النساء عن أنس رضي الله عنه ، أن رجلاً سافر ومنع زوجته من الخروج ، فمرض أبوها فاستأذنت رسول الله **صلى الله عليه وسلم** في عيادة أبيها ، فقال لها الرسول **صلى الله عليه وسلم** " اتقي الله ولا تخالفي زوجك" ، فأوحى الله تعالى إلى النبي **صلى الله عليه وسلم** أني قد غفرت لها بطاعة زوجها .

وهذا دليل على أنه للزوج الحق في أن يمنع زوجته من الخروج لعيادة أبيها أو لمزاولة أعمالها الخاصة كالبيع والتجارة وتشغيل أموالها ، أو للنزهة أو لزيارة صاحباتها وغير ذلك .

وكون الرسول **صلى الله عليه وسلم** سكت عن فعل الزوج ولم يعاتبه الرسول عليه الصلاة والسلام على ذلك ، فقد أصبح سكوته**صلى الله عليه وسلم** تشريعاً ، إلا أن حسن العشرة يقتضي أن لا يمنعها ، لأن منعها ليس من المعاشرة بالمعروف ، فيسمح لها بزيارة أهلها ويتودد إليهم ويسمح لها بتشغيل أموالها أو تنيب عنها من تشاء بذلك ، ما لم يؤثر ذلك على قيامها بواجباتها البيتية اتجاه الأسرة ورعاية الأولاد والزوج وما يلزم ذلك .

إلا أنه ليس من حق الزوج أن يمنع زوجته من الخروج إلى المساجد ، لما روي عن رسول الله **صلى الله عليه وسلم** أنه قال : " لا تمنعوا إماء الله مساجد الله " .

أما إذا تمردت المرأة على زوجها فقد صرح الله تعالى للزوج حق تأديبها حتى تعود عن تمردها وعصيانها قال تعالى في محكم التنزيل : ( وَاللَّاتِي تَخَافُونَ نُشُوزَهُنَّ فَعِظُوهُنَّ وَاهْجُرُوهُنَّ فِي الْمَضَاجِعِ وَاضْرِبُوهُنَّ فَإِنْ أَطَعْنَكُمْ فَلَا تَبْغُوا عَلَيْهِنَّ سَبِيلًا )[1] .

والضرب يجب أن يكون خفيفاً ، ضرباً غير مبرح، ضرباً به تأنيب، ضرباً يشعرها بأنه حريص على رجوعها إلى الصواب ، قال **صلى الله عليه وسلم** في خطبة حجة الوداع : ( **فإن فعلن ذلك فاضربوهن ضرباً غير مبرح**) .

وهذه الصلاحية التي أُعطيت للزوج في تأديب زوجته إنما أُعطيت له لأنه هو القوّام على رعاية الأسرة وإدارة شؤونها ، ولا يجوز للرجل أن يزعج الزوجة إذا قامت بالتزام الشرع وقامت بحقوق زوجها كما أمر الله سبحانه ، قال تعالى : (وَاضْرِبُوهُنَّ فَإِنْ أَطَعْنَكُمْ فَلَا تَبْغُوا عَلَيْهِنَّ سَبِيلًا )[2].

بل على الزوج أن يكون رفيقاً بها ، وأن يكون في طلب أي شيء منها ، حتى لو أرادها فينبغي عليه أن يحسن اختيار الوضع المناسب لها ، لقول الرسول عليه الصلاة والسلام : " **لا تطرقوا النساء ليلاً حتى تتمشط المشعثة** "[3]؛ أي حتى تتزين وتتهيأ وتستعطر ، ولا تعني القوامة

---

( ١ ) سورة النساء آية (٣٤).

( ٢ ) سورة النساء آية (٣٤)

( ٣ ) صحيح مسلم الحديث ١٩٢٨.

للرجل أن يكون الرجل متسلطاً على عيالة وفي إمرةِ بيته وقيادته ، بل يجب أن يكون حسنٌ في رعاية شؤون بيته وصاحب أخلاق حميدة ، فيرعى أهـل بيتـه رعايـة الرجل الصالح ، ورعاية الأب الحادب والأب الحنون .

وللمرأة بالمقابل أن ترد على زوجها كلامه ، وأن تناقشه فيه ، وأن تبدي رأيها في شؤون البيت إذ ليست الحياة الزوجية آمراً ومأموراً ، ولا حاكماً ومحكوماً ولا قائـداً وعبداً ، بل حياة صحبة ، فهما صاحبان في الحياة الزوجية ، وإن جعلت القيادة للرجل فهي لخير الأسرة كلها ، فالرسول **صلى الله عليه وسلم** كـان في بيتـه صـاحباً لزوجاتـه ، وليس أميراً متسلطاً عليهن ، برغم كونه رئيس الدولة وبرغم كونه نبياً ورسولاً .

أما من ناحية القيام بأعمال البيت ، وتدبير أمور المنزل ، فإنه يجب عـلى المـرأة خدمة زوجها من العجن والخبز وتحضير الطعام ، وتنظيف المنزل وترتيبه ، وأن تسـهر على تربية أولادها ، وأن تحسـن تـربيتهم ، وأن تقـوم بأعبـاء الأسرة داخل المنـزل بمـا يتوافق وطمأنينتها، وبالمقابل على الزوج أن يحضر لها كل ما تحتاجه الزوجة ممـا هـو خارج البيت من إحضار الماء والطعام وكل ما يلزم من الحاجات الأساسية والكمالية إن كان بمقدوره المالي ، وأن لا يجعل الزوجة بحاجة لشيء من التزين وأدوات التجميل مما تتزين به أمثالها من النساء .

ومن هنا فقد أصبح معروفاً ما هـي واجبات المرأة وواجبات الرجل اتجاه بعضهما البعض ، فواجبات المرأة هو القيام بكل عمل يلزم القيام به داخل البيت والمنزل ، وواجبات الرجل القيام بكل عمل يلزم القيام به خارج البيت ، فقد روي عن النبي **صلى الله عليه وسلم** أنه قضى على ابنته فاطمة الزهراء بخدمة البيت وعلى زوجها علي رضي الله عنه بما كان خارج البيت من عمل ، وأنه **صلى الله عليه وسلم** كان يأمر نساءه بخدمته ، فقد روي عنه **صلى الله عليه وسلم** أنه كان يخاطب زوجه السيدة عائشة بقوله : يا عائشة أسقينا .. يا عائشة أطعمينا .. يا عائشة هلمي الشفرة واشحذيها بحجر ، وقد روي أن فاطمة أتت أباها تشكو إليه ما تلقى من الرحى ، وسألته خادماً يكفيها ذلك ، فعلمها تسبيحاً تكرره ولم يعطها خادماً .

ومن هذا كله يتبين لنا مما يدل دلالة واضحة على أن القيام بخدمة الزوج في البيت ، وبخدمة البيت وما يحييه ، وخدمة الأولاد ورعايتهم إنما يقع على عاتق المرأة ، إلا أن قيامها به جهادٌ لها عليه أجر وثواب عظيم ، ولكنه يجب أن يكون وفق طاقتها ، فإذا كانت الأعمال على المرأة كثيرة وليس لها طاقة على احتمالها ، كان على الرحل أن يساعدها ويعينها ، أو أن يأتي لها بخادم يكفيها القيام بالأعمال ولها أن تطالبه بذلك الأمر .

# حياتنا الخاصـــة

لقد جاء الإسلام ينظم علاقات الناس تنظيماً دقيقـاً بمـا يتفـق وكـرامتهم ، ومـا يتفق ومشاعرهم في هذه الحياة ، فدخل في كل أمر يتعلق بحياة الفرد سواء مع نفسه ، أم مع عائلته وداخل بيتـه ، أم علاقتـه مـع الآخـرين في حيـاة لمجتمـع ، ولقـد وضـع الإسلام أحكاماً شرعية تبين السبل التـي يسـير بهـا الإنسـان حتـى يصبـح إنسـاناً مؤمنـاً وصادقاً ، يعمل الأعمال الصالحة .

ومن تلك الأحكام حرمة دخول البيوت بدون إذن من أهلها ، قال تعالى( يَا أَيُّهَا الَّذِينَ آمَنُوا لَا تَدْخُلُوا بُيُوتًا غَيْرَ بُيُوتِكُمْ حَتَّى تَسْتَأْنِسُوا وَتُسَلِّمُوا عَلَى أَهْلِهَا )[1]، فهذا نص من الله سبحانه وتعالى ينهى عن دخول البيـوت إلا بـإذن أهلها ، وإلا كان الدخول من غير إذن باعثاً على الوحشة أي أنه لا يحمل معاني الأنس ، فقوله تعالى: حَتَّى تَسْتَأْنِسُوا هو كناية عن طلب الإذن ليحصل الاستئناس ، ومن ثم تأتي التحية،

---

(١) سورة النور آية (٢٧).

السلام عليكم ورحمة الله وبركاته، وهي تحية الإسلام والعقيدة، وهي الباعث للاطمئنان والحفاوة ، ولقد بين الرسول **صلى الله عليه وسلم** ذلك الأمر بقوله : **( من أدخل عينه في بيت من غير إذن أهله فقد دمّره)** [1]، وقول الرسول **صلى الله عليه وسلم** فيما أخرجه أبو داوود : أن رجلاً سأل النبي **صلى الله عليه وسلم** أأستأذن على أمي ؟ قال **صلى الله عليه وسلم** : نعم ، قال الرجل إنه ليس لها خادم غيري ، أأستأذن عليها كلما دخلت ؟ قال **صلى الله عليه وسلم** : أتحب أن تراها عريانة ؟ قال الرجل : لا ، قال **صلى الله عليه وسلم** : فاستأذن .

فإذا كان الدخول على الأم يتطلب الإذن ، فمن باب أولى أن يُمنع دخول أي إنسان بيتاً غير بيته إلا بإذن أهل ذلك البيت ، ولا فرق بين أن يكون بيتاً لمسلم أو لغير المسلم ثم إن الخطاب موجه للمؤمنين، فهم الذين يراعون أوضاع الناس وفقاً لأوامر الله سبحانه واجتناباً لنواهيه ، فلا يجوز اقتحام بيت إلا بحق ، لأن دخول البيوت قبل الإذن من أهلها فيه انتهاك لحرمتها ، وفيه تعدّ عليها وجلب الأذى لأصحابها ، وقد جاء الخطاب عاماً مطلقاً بيوتاً فيشمل كل البيوت دون استثناء ، فمن قصد بيتاً وطرق الباب فلم يجد فيه أحداً فلا يدخل بل عليه أن يرجع حتى يأتي أهل البيت ويأذنوا له بالدخول ، وإن طلبوا إليه الرجوع ، فيجب أن يرجع ؛ وذلك حتى لا يخلف أمر الله سبحانه وتعالى

---

**( ١ ) أخرجه الطبراني.**

لقول الله عز وجل: ( فَإِنْ لَمْ تَجِدُوا فِيهَا أَحَدًا فَلَا تَدْخُلُوهَا حَتَّى يُؤْذَنَ لَكُمْ وَإِنْ قِيلَ لَكُمُ ارْجِعُوا فَارْجِعُوا )[1]؛ أي لا يجوز لكم الإلحاح في طلب الإذن والوقوف على الأبواب منتظرين ، ولا هتك ستر الحجاب .

أما ما يتعلق بالبيوت غير المسكونة ، فيحق لمن له متاع فيها أن يدخلها بدون استئذان لقول الله تعالى في محكم التنزيل : ( لَيْسَ عَلَيْكُمْ جُنَاحٌ أَنْ تَدْخُلُوا بُيُوتًا غَيْرَ مَسْكُونَةٍ فِيهَا مَتَاعٌ لَكُمْ )[2]، ومفهوم المخالفة أنه إن لم يكن لكم فيها متاع فلا تدخلوها ، فيكون الاستثناء خاصاً بالبيوت غير المسكونة التي فيها متاع ، فيكون بالتزام المؤمنين بأحكام الاستئذان هذه أن تحفظ الحياة الخاصة من إزعاج الطارقين ، حتى تحصل الطمأنينة والأمن في البيوت .

أما من يملكونهم من الرقيق والأطفال الذين لم يبلغوا الحلم بعد فإن لهم الحق أن يدخلوا البيوت من غير استئذان إلا في ثلاث حالات ، وهي : قبل صلاة الفجر وعند الظهيرة وبعد صلاة العشاء ، فإنه يجب عليهم أن يستأذنوا في هذه الحالات الثلاث ، لأنها حالات عورة ، والعلة أنهم يكونون في وضع غير طبيعي حيث يغيرون الثياب بعد صلاة الفجر ، أو يضعون الثياب للقيلولة بعد صلاة الظهر ، أو للنوم ليلاً بعد

---

( ١ ) سورة النور آية (٢٨).
( ٢ ) سورة النور آية (٢٩).

صلاة العشاء ، وفي غير هذه الأوقات فإن لأهل البيت أن يدخلوا على بعضهم بعضاً ، في أي وقت دون استئذان ، قال تعالى في محكم التنزيل: ( يَا أَيُّهَا الَّذِينَ آمَنُوا لِيَسْتَأْذِنْكُمُ الَّذِينَ مَلَكَتْ أَيْمَانُكُمْ وَالَّذِينَ لَمْ يَبْلُغُوا الْحُلُمَ مِنكُمْ ثَلَاثَ مَرَّاتٍ مِنْ قَبْلِ صَلَاةِ الْفَجْرِ وَحِينَ تَضَعُونَ ثِيَابَكُمْ مِنَ الظَّهِيرَةِ وَمِنْ بَعْدِ صَلَاةِ الْعِشَاءِ ثَلَاثُ عَوْرَاتٍ لَكُمْ لَيْسَ عَلَيْكُمْ وَلَا عَلَيْهِمْ جُنَاحٌ بَعْدَهُنَّ طَوَّافُونَ عَلَيْكُمْ بَعْضُكُمْ عَلَى بَعْضٍ كَذَلِكَ يُبَيِّنُ اللَّهُ لَكُمُ الْآيَاتِ وَاللَّهُ عَلِيمٌ حَكِيمٌ )(١).

وهذه الأحكام في داخل البيوت لا تفرق بين أجنبي ومحرم ، ولا بين قريب أو نسيب ، فإن الأمر يتعلق بالاحتشام والمحافظة على السلوك القويم ، وهذا يفرض على المرأة المسلمة عدم التبذُّل أمام الأبناء ، وعدم ظهورها أمامهم شبه عارية ، وهذا الأمر يكون أمام الأخوات والمحارم .

أما ما يتعلق بحياة المرأة الخاصة داخل بيتها ، فإن الإسلام فرض عليها أن تعيش مع النساء أمثالها ، أو مع محارمها الذين يجوز أن تبدي لهم محل زينتها من أعضائها ، أما غيرهم من النساء الأجنبيات والمحارم ، فلا يجوز للمرأة أن تبدي لأحد منهم زينتها من أعضاء ، ويجوز لها أن تبدي فقط الوجه والكفان لأنهما ليسا بعورة ، وهذا دليل واضح على اقتصار حياتها الخاصة على المحارم وحدهم لقوله تعالى: ( وَلَا يُبْدِينَ زِينَتَهُنَّ إِلَّا مَا ظَهَرَ مِنْهَا وَلْيَضْرِبْنَ بِخُمُرِهِنَّ عَلَى جُيُوبِهِنَّ وَلَا يُبْدِينَ زِينَتَهُنَّ

---

( ١ ) سورة النور آية (٥٨).

إِلَّا لِبُعُولَتِهِنَّ أَوْ آبَائِهِنَّ أَوْ آبَاءِ بُعُولَتِهِنَّ أَوْ أَبْنَائِهِنَّ أَوْ أَبْنَاءِ بُعُولَتِهِنَّ أَوْ إِخْوَانِهِنَّ أَوْ بَنِي إِخْوَانِهِنَّ أَوْ بَنِي أَخَوَاتِهِنَّ أَوْ نِسَائِهِنَّ أَوْ مَا مَلَكَتْ أَيْمَانُهُنَّ أَوِ التَّابِعِينَ غَيْرِ أُولِي الْإِرْبَةِ مِنَ الرِّجَالِ أَوِ الطِّفْلِ الَّذِينَ لَمْ يَظْهَرُوا عَلَى عَوْرَاتِ النِّسَاءِ) [1].

وبذلك يتبين بأن الله سبحانه وتعالى قد ألحق بالمحارم الأرقاء الذين يملكونهم ، والذين لا توجد عندهم شهوة من الأطفال والشيوخ الطاعنين بالسن ، وكل من لا توجد له الحاجة للمرأة ، فإن هؤلاء يحكم أن ينظروا لبعض أعضاء المرأة في حياتها الخاصة .

هذه أحكام الإسلام النظام العالمي المتميز في نظرته وحرصه الشديد على بيوت المؤمنين ، بل وبيوت الناس أجمعين، أين أخلاق الإسلام وآدابه في تحريم تبذل المرأة مما تعج به الشواطئ من أجساد العاريات المائلات المميلات اللاتي يتفاخرن بإبداء زينتهن أمام كل قريب أو غريب؟ بل أين كرامة المرأة التي تهدر كل يوم ، وكلها عورة إلا وجهها وكفاها مما تفعله من السهرات والحفلات الرخيصة في النوادي الليلية؟ بل لقد أصبح فقدان القيم والأخلاق مخجلاً للبشرية كلها حيث إنه أصبح في بلاد الغرب نوادٍ خاصة للعري الكامل لجسم المرأة ، بل لقد باتت المرأة سلعة تُستعمل للدعاية في واجهات المحال التجارية وعلى

---

(١) سورة النور آية (٣١).

شاشات التلفاز وأمام كاميرات السينما ، وأصبحت تستغل أنوثتها في كثير من الأعمال ، فجردوها من كل القيم والأخلاق، ولكن الإسلام الذي جاء منقذاً للبشرية ، ضـمن لهـا المكانة المرموقة في المجتمع ، وأعطاها التزام الدين والقيم والأخلاق والمثل العليا .

# حكم النظر إلى المرأة

هنا لا بد أن نفرق بين النظر إلى المرأة بشكل عام ، والنظر إلى المرأة مـن قبـل الخاطب . فإن للخاطب حكماً خاصاً ، لقول الرسول **صلى الله عليه وسلم** فـيما يرويـه جابر قال : قال رسول الله **صلى الله عليه وسلم** : إذا خطب أحدكم المرأة فإن استطاع أن ينظر إلى ما يدعوه إلى نكاحها فليفعل ، قال: فخطبت امرأة فكنت أتخبأ لها حتـى رأيت منها ما دعاني إلى نكاحها فتزوجتها ، ولا بأس بالنظر إليها بإذنها وبغير إذنها ، لأن النبي **صلى الله عليه وسلم** قد أمرنا بالنظر المطلق ، وفي حديث جاء فكنت أتخبأ لها ، إلا أنه لا يجوز الخلوة بها لأن النبي صلى الله عليه وسلم قال : **"من كـان يـؤمن بـالله واليوم الآخر فلا يخلون بامرأة ليس معها ذو محرم منها فإن ثالثهما الشيطان"** ، وهذا الخطاب جاء عاماً لم يستثنِ الخاطب ، كما استثنى في موضوع النظر إلى الوجه والكفين وإلى غير الوجه والكفين ، لأن النظر إلى الوجه والكفين جاء عاماً يشمل الخاطب وغـير الخاطب؛ أي أنه يجوز للخاطب أن ينظر إلى قامة المرأة ومشيتها ، وإلى الوجه والكفين بل أكثر منهما مثل الشعر أو الرقبة أو الساق وغير ذلك من الأعضاء التي يصدق عليها أنها محل زينة .

قال أبو هريرة : كنت مع النبي **صلى الله عليه وسلم** فأتاه رجل فأخبره أنه تزوج من امرأة من الأنصار فقال رسول الله **صلى الله عليه وسلم** : أنظرت إليها ، قال: لا ، قال : فانظر إليها فإن في أعين الأنصار شيئاً ؛ يعني الصفر ، وقد جاء تعليل ذلك في قول الرسول **صلى الله عليه وسلم** في حديث آخر : انظر إليها فإنه أحرى أن يؤدم بينكما[1]، ومعنى **يؤدم:** يلائم ويؤلف أو يوفّق ويصلح بين الزوجين ، وقول الرسول صلى الله عليه وسلم : إذا خطب أحدكم امرأة فلا جناح عليه أن ينظر إليها إذا كان ينظر إليها فخطيبته ، وإن كانت لا تعلم .

ولقد عمل الصحابة رضوان الله عليهم بذلك الفهم فعن ابن أبي حثمة أنه قال رأيت محمد بن مسلمة الأنصاري يطارد بثينة بنت الضحاك فوق دار لها بالبصرة طرداً شديداً ، فقلت : أتفعل هذا وأنت من أصحاب رسول الله ، فقال : سمعت رسول الله **صلى الله عليه وسلم** يقول : إذا ألقي في قلب امرئ خطبة امرأة فلا بأس أن ينظر إليها .

ولقد اختلف الفقهاء والعلماء في المقدار الذي يباح النظر إليه ، قال الإمام إبن القيم في تهذيب السنن[2]: قال داود ينظر إلى سائر جسدها ، وعن الإمام أحمد ثلاث روايات **إحداهن** : ينظر إلى وجهها ويديها ، **والثانية** : ينظر ما يظهر غالباً منها كالرقبة والساقين ونحوهما .

---

(١) روضة المحبين ص ٦٦ الإمام ابن القيم.

(٢) ابن القيم تهذيب السنن ج٣/ص٢٥-٢٦.

**والثالثة** : ينظر إليها كلها عورة وغيرها فإنه نص على أنه يجوز أن ينظر إليها متجردة .

وقال ابن قدامة في المغني[1] "ووجه جواز النظر إلى ما يظهر غالباً أن النبي **صلى الله عليه وسلم** لما أذن في النظر إلى جميع ما يظهر عادة ، إذ لا يمكن إفراد الوجه بالنظر مع مشاركة غيره له في الظهور .

ولقد ورد عن أمير المؤمنين عمر بن الخطاب عندما أراد أن يخطب ابنة علي بن أبي طالب ـ رضي الله عنهما ـ رفع عن ساقها فمسكت يده وأبعدته وقالت له والله لولا أنك أمير المؤمنين لصفعتك على خدك ، وخطبها عمر .

فلو كانت شُبهَة لما فعلها عمر الذي كان أحرص الناس على التزام أوامر الله واجتناب نواهيه .

ومن باب الاستئناس وليس التشريع لأن شرع من قبلنا ليس شرعاً لنا ، وما ورد عن صنيع نبي الله سليمان عليه السلام في بناء الصرح لينظر إلى ساقي الملكة بلقيس وقد كان عزم على الزواج بها ، فلما رأت هذا الصرح حسبته ماءً فكشفت عن ساقيها فشاهدهما هذا النبي الكريم ثم تزوج بها .

---

( ١ ) المغني لأبن قدامة/م/٧/ص٤٥٤.

أما نظر الزوجين لبعضهما ، فيجوز للزوجين النظر إلى جميع بدن صاحبه لما روي عن بهز بن حكيم عن أبيه عن جده قال : قلت يا رسول الله عورتنا ما نأتي منها وما نذر؟ فقال لي : احفظ عورتك إلا من زوجتك، أو ما ملكت يمينك .

وأما غير المحرم وغير الخاطب والزوج ، فإنه ينظر، إن كانت هناك حاجة للنظر سواء نظر الرجل للمرأة أو المرأة للرجل فإنه يباح له أن ينظر إلى العضو الذي تستدعي الحاجة النظر إليه فحسب ، ولا ينظر إلى ما عدا الوجه والكفين ، وهؤلاء الذين تستدعي الحاجة أن ينظروا إلى العضو والذين أباح لهم الشرع النظر هم : الطبيب والممرضة والمحقق ومن شاكلهم مما تستدعي الضرورة للنظر إلى العورة وغيرها ، فقد روي أن النبي صلى الله عليه وسلم لما حكّم سعداً في بني قريظة كان يكشف عن مؤتزرهم ، وعن عثمان أنه أتي بغلام قد سرق فقال : انظروا إلى مؤتزره فوجدوه لم ينبت الشعر فلم يقطعه ، وقد كان عمل عثمان هذا على مرأى ومسمع من الصحابة فلم ينكر عليه أحد، فكان إجماعاً .

وأما موضوع الأخوة والأقارب الذين يسكنون مع بعضهم في منزل واحد ، وتظهر النساء عليهم في ثياب التبذل فيبدو شعرها ، ورقبتها وذراعاها وساقاها وما شاكل ذلك مما تظهره ثياب البذلة ، فينظر إليها إخوة زوجها أو أقاربه غير المحارم كما ينظر إليها أبوها وأخوها

وغيرهما من المحارم مع أن أخا زوجها أجنبي عنها كأي أجنبي ، وكذلك قد يـزور الأقارب بعضهم كأولاد العم وأولاد الخال ومن شاكلهم من الأرحام غير المحرم ، أو مـن غير الأرحام ، فيسلمون على النساء ، ويجلسون معهن ، وهن في ثياب البذلـة ، ويبـدو منهن أكثر من الوجه والكفين ، مـن شـعر ورقبـة وذراع وسـاق وغـير ذلك فيعـاملون معاملة المحارم ، وهذا الأمر شائع وقد بلي به أكثر المسلمين ، ولا سيما في حياة المـدن ، فيظن الكثيرون أن ذلك الأمر مباح ، والحكم في ذلك أن الله تعالى حرم النظر إلى المرأة على الإطلاق ، واستثنى النظر على الأزواج واستثنى معهـم اثنـي عشر ـ شخصاً يـدخل معهم من هو مثلهم كالأعمام والأخوال ، ثم استثنى من المرأة الوجه والكفين لجميع الرجال ، فاللذة أي النظر بشهوة حرام مطلقاً إلا على الـزوج ، والنظر للوجـه والكفين بوصفه مجرد نظر بدون شهوة مباح مطلقاً .

وعلى ذلك فإنه يجوز أن يسكن الرجل مع أقاربه ويستوي في ذلك المحارم وغير المحارم أي الأب والأخ وابن العم ، وليس على المرأة بأس في أن تظهر في ثيـاب المهنـة على من يعيش في دار واحدة مع زوجها أو أخيها ، وعلى الرجل الـذي يعيـش في الـدار أن يغض البصر ، أي لا شيء عليه من النظر العادي إلى المرأة وهـي في ثيـاب المهنة إلا في الحالات

الثلاث أي الوضع الذي تكون عليه الحالات الثلاث – وهي بعد صلاة الفجر وفترة القيلولة بعد صلاة الظهر وبعد صلاة العشاء .

أما من يدخلون البيت من الخارج سواء أكانوا أقارب أم غير أقارب وسواء أكانوا محارم أم غير محارم فإن عليهم جميعاً الاستئذان من غير استثناء .

أما المحارم فلا تستتر المرأة منهم لأنه يجوز لهم أن ينظروا إلى الزينة أي إلى العورة .

أما غير المحارم فإن على المرأة أن تستر عنهم الزينة أي أن لا يظهر منها أمامهم إلا الوجه والكفان ، فإن لم تفعل ذلك وظلت في ثياب المهنة أثمت هي ، أما الرجل فليس عليه إلا غض البصر ليس غير ، والفرق بين الزائر من خارج البيت والساكن فيه هو أن الساكن في البيت ليس عليه استئذان لأنه بيته ، وليس على المرأة ستر لأنها حياتها الخاصة وأما الزائر من خارج البيت فإن طلب الله سبحانه وتعالى منه الاستئذان يُشعر بأن لا تكون في ثياب المهنة إلا أن يكون محرماً لها ، أي يُشعر بطلب الستر بدليل نزول الآية .

أما وقد ابتُلي المسلمون بأنظمة الفسق والفجور صارت النساء غير المسلمات يخرجن شبه عاريات ، مكشوفات الصدر والظهر ، عاريات الرأس والذراعين والساقين ، وصارت بعض نساء المسلمين يقلدنهن

فيخرجن إلى الأسواق على تلك الحالة من التعري ، ولم يعد بالإمكان التمييز بين المرأة المسلمة وغير المسلمة. والرجال المسلمون الذين يعيشون وسط هذه الأجواء لا يملكون أن يزيلوا هذا المنكر ، ثم إن كثيرين منهم يعيشون في بلاد أجنبية والسفور والعري يلاحقهم أينما ذهبوا وحيثما حلّوا في الطرقات ، في الأزقة ، في المتنزهات ، في الجامعات ، في المتاجر ، في أماكن العمل ، في الاحتفالات ، في المهرجانات ، في النوادي ، في كل مكان وأنظارهم تقع باستمرار على عورات النساء ولا يمكن أن يحترز الرجل في حياة كهذه من رؤية تلك العورات ، اللهم إلا أن يقبع في بيته ولا يخرج منه ، وهذا ما لا يتأتى له مطلقاً ، إذا هو في حاجة سواء أكان في بلاد إسلامية أو غير إسلامية من أن يقيم علاقات مع الناس من بيع وإجارة وعمل وتعليم وتعلم وسعي لكسب الرزق ، فماذا يفعل الإنسان المسلم وتحريم النظر إلى عورات النساء يلاحقه ، سواء النظر إلى عورات النساء مسلمات وغير مسلمات، والتحريم بالنظر إليهم صريح في الكتاب والسنة ، فلا بد من حل لهذا المعضل .

والحل الناجح أمام المسلم حتى يتفادى الإثم هو :

**الأول :** هو ما يتعلق بنظر الفجاءة في الطرقات والأماكن العامة ، وهذا يعفى فيه من النظرة الأولى وعليه أن لا يكرر النظرة الثانية لقول

الرسول صلى الله عليه وسلم : لاتتبع النظرة النظرة فإنما لك الأولى وليس لك الأخرى .

الثاني : وهو ما يتعلق بالحديث مع المرأة التي تكشف عن رأسها أو ذراعيها أو صدرها ، مثلاً ، فهذه يجب تحويل النظر عنها ، والغض من البصر عن عوراتها ، لما نُقل عن رسول الله صلى الله عليه وسلم كما روى أبو داود : كان الفضل بن العباس رديف رسول الله صلى الله عليه وسلم فجاءته الجثعمية تستعينه فجعل الفضل ينظر إليها وتنظر إليه فصرف رسول الله صلى الله عليه وسلم وجهه عنها . فيكون علاج هذا الواقع الأليم خفض البصر- أو تحويله عن المرأة أثناء تحدثه إليها ، أو بوجوده بالعمل معها أو بجلوسه على مقاعد الدراسة بجانبها ، أو ركوبه معها في سيارة واحدة أو جلوسه بجانبها في طائرة ، وما إلى ذلك من الحالات التي تفرض على المسلم أن يكون بجانب المرأة أو قريباً منها .

وقد يقال إن هذا الواقع هو البلاء العظيم الذي يعم المسلمين عامة، والمؤمنين خاصة ، ويصعب الاحتراز منه ، فإن هذه القاعدة مناقضة للشرع ، فالحرام لا يصبح حلالاً إذا عمّت البلوى ، والحلال لا يصبح حراماً إذا عمّت البلوى ، ولا يقال هؤلاء نساء غير مسلمات يعاملن معاملة الإماء ، فعورتهن عورة الأمة ، لا يقال ذلك لأن الحديث

عن المرأة عام لا يقتصر على المرأة المسلمة ، قال عليه الصلاة والسلام :" يا أسماء إن المرأة إذا بلغت المحيض لم يصلح أن يُرى منها إلا هذا وهذا وأشار إلى وجهه وكفيه " ، فالتحريم ينطبق على النظر إلى المرأة مسلمةً كانت أو غير مسلمة ، وفي جميع الحالات ومنها العيش في أجواء المدن ، أو في الأماكن التي يكثر فيهاالعري والتبذل .

# حكم المصافحة

إن موضوع المصافحة أخذ أبعاداً كثيرة ، ما بين حلٍ وحرمة وكراهة ، ولكن الدليل الراجح الذي ثبت في صحيح البخاري عن أم عطية قالت : "بايعنا النبي **صلى الله عليه وسلم** فقرأ علينا ألاّ نشرك بالله شيئاً ونهانا عن النياحة فقبضت امرأة منا يدها" ، وهذا الحديث يدل دلالةً واضحة على أن المبايعة كانت بالمصافحة ، ومعنى قبضت يدها ردت يدها بعد أن كانت مدتها للمبايعة ، وقالت إن فلانة أسعدتني وأريد أن أجزيها فكونها قبضت يدها يعني أنها كانت ستبايع بالمصافحة ، ويعني كذلك أن غيرها لم تقبض يدها وهذا يعني أن غيرها بايع بالمصافحة وكذلك فإن مفهوم قوله تعالى : ( أَوْ لَامَسْتُمُ النِّسَاءَ) بلفظه العام لجميع النساء من حيث أن الملامسة تنقض الوضوء يدل اقتصار الحكم على نقض الوضوء من لمس النساء . وعلى ذلك فإن لمس النساء بغير شهوة ليس حراماً فمصافحتهن كذلك ليس حراماً . فإن للرجل أن يصافح المرأة وللمرأة أن تصافح الرجل دون حائل .

ولمناقشة الموضوع فلا بد من أن تأتي بأدلة من يقولون بحرمة المصافحة ، ونتبين الحق فنتبعه .

فلقد ورد أحاديث تدل على أن الرسول **صلى الله عليه وسلم** يأمر بشيء معين أو يفعل فعلاً معيناً فتعارضها أحاديث أخرى تدل على أن الرسول **صلى الله عليه وسلم** قد رفض فعل ذلك الشيء الذي نص الحديث أنه فعله أو أمر به فيظن البعض أن هذه الأحاديث تتعارض مع بعضها ، ومثال ذلك ما يرويه البخاري في باب ما يجوز من الشروط في الإسلام حديثاً طويلاً ذكر فيه عن المؤمنات المهاجرات وجاء فيه : لما أنزل الله فيهن إذا جاءكم المؤمنات مهاجرات فامتحنوهن الله أعلم بإيمانهن إلى قوله تعالى : (وَلَا هُمْ يَحِلُّونَ لَهُنَّ)، قال عروة فأخبرتني عائشة أن رسول الله **صلى الله عليه وسلم** كان يمتحنهن بهذه الآية: ( يَا أَيُّهَا الَّذِينَ آمَنُوا إِذَا جَاءَكُمُ الْمُؤْمِنَاتُ مُهَاجِرَاتٍ فَامْتَحِنُوهُنَّ).

قال عروة: قالت عائشة : فمن أقر بهذا الشرط منهن ، قال لها رسول الله **صلى الله عليه وسلم** : قد بايعتك كلاماً يكلمها به والله ما مست يده يد امرأه قط في المبايعة ، وما بايعهن إلا بقوله .

وروى البخاري عن الزهري يبايع النساء بالكلام بهذه الآية لا يشركن بالله شيئاً ، قالت: وما مست يد رسول الله **صلى الله عليه وسلم** يد امرأة إلا امرأة يملكها .

وروى أحمد عن أميمة بنت رفيعة قالت : أتيت رسول الله صلى الله عليه وسلم في نساء لنبايعه فأخذ علينا ما في القرآن أن لا نشرك بالله شيئاً ، الآية  وقال : ( في ما استطعتن وأطقتن قلنا : الله ورسوله أرحم بنا من أنفسنا ، قلنا : يا رسول الله إلا تصافحنا ؟ قال : إني لا أصافح النساء ، إنما قولي لامرأة واحدة قولي لمئة امرأة ) .

فهذه الأحاديث تدل على أن الرسول لم يبايع النساء باليد ولم يصافح النساء باليد في البيعة وهذا يعارض ما يرويه البخاري من أن الرسول **صلى الله عليه وسلم** بايع النساء باليد مصافحةً .

فلقد روى البخاري في باب بيعة النساء عن أم عطية قالت : بايعنا النبي **صلى الله عليه وسلم** فقرأ علينا ألاّ نشرك  بالله شيئاً ونهانا عن النياحة  فقبضت إمرأة منا يدها فقالت فلانة أسعدتني وأنا أريد أن أجزئها فلم يقل شيئاً، فإن هذا الحديث يدل على أن الرسول **صلى الله عليه وسلم**  قد بايعته النساء باليد، فإن الحديث يقول: فقبضت امرأة منا يدها، ومعنى ذلك أن النساء الأخريات لم يقبضن أيديهن بل بايعهن باليد ، وعلى ذلك يظهر للرائي بادئ الأمر أن هناك تعارضاً بين حديث أم عطية وبين الأحاديث الثلاثة السابقة .

ولكن عند التدقيق بالأمر فإنه يتبين أنه لا يوجد تعارض بين هـذا الحديث والأحاديث الثلاثة التي سبقته ، وأنه لا يمكن الجمع بينها وبينه ، وذلك أن عـدم فعل الرسول لشيء وامتناعه عن فعل شيء لا يعتبر نهياً عنه وذلك لعدة وجوه :

**الأول:** أننا مأمورون بالإقتداء بفعل الرسول لا الاقتداء بما لم يفعله، فإن الله سبحانه وتعالى يقول: ( فِي رَسُولِ اللَّهِ أُسْوَةٌ حَسَنَةٌ ) والتأسي في الفعل هو أن نفعل ما فعله الرسول عليه الصلاة والسلام على الوجه الذي أتى به ، فالله سبحانه قد طلب منا التأسي؛ أي أن نفعل مثل فعله ، ولم يطلب منا أن نترك ما يتركه؛ فإن ذلك لا يمكن أن يفهم من هذه الآية ولم يأت دليل عليه ، فنحن مطلوب منا أن نفعل مثل فعل الرسول عليه الصلاة والسلام ، ولم يطلب منا أن نترك ما يتركه فيما لم يفعله الرسول **صلى الله عليه وسلم** .

وكل أمر يتركه الرسول ولم يفعله ليس ملزماً لنا بالاتباع ،فهو لا يعتبر نهياً ولهذا لا يتخذ ترك الرسول للشيء دليلاً على تحريمه ولا على كراهته ، والأحاديث الثلاثة اثنان منها تخبر فيهما عائشة أن الرسول لم يمس امرأة في البيعة ، فهي تخبر عن حد علمها ومعرفتها أنه لم يمس امرأة ، أي عدم فعله **صلى الله عليه وسلم** لشيء أي عدم مسه امرأة في البيعة ، وهذا لا يعتبر نهياً ، ولم يطلب منا لرسول **صلى الله عليه وسلم** أن نمتنع عن فعل لم يفعله ، والحديث الثالث يصرح الرسول **صلى الله عليه وسلم** فيه ( **إني لا أُصافح النساء** ) أي يخبرنا أنه لا يفعل هذا الفعل وأنه امتنع عن هذا الفعل ، وهذا أمر خاص بالرسول في موضوع البيعة فهو موضوع خاص بالبيعة ليس غير . فالتأسي بالرسول فيما يفعله لا فيما لا يفعله .

**الثاني:** أن الرسول **صلى الله عليه وسلم** قد امتنع عن كثير من المباحات ، فمن ذلك ما روي عن نافع بن عمر في حديث زمارة الراعي أن الرسول حين سمع صوت زمارة الراعي وضع إصبعيه في أُذنيه وكان يقول الفضل بن عباس هل انتهى هل انتهى ، ومع ذلك لم يزجر الراعي ولم يزجر الفضل، لم يزجر الراعي عن الاستمرار بالزمر ولم يَنْهَ الفضل عن السماع بل سكت عنهم .

وكذلك ما جاء في الضب من أنه أُكل على مائدة الرسول **صلى الله عليه وسلم** ولم يأكل منه وقال : ( أجدني أعافه ) ومن ذلك ما جاء في الأرنب فقد أُهديت إليه أرنب مشوية فامتنع عن أكلها .

فالرسول **صلى الله عليه وسلم** كان يمتنع عن كثير من المباحات وهذا يدل دلالة واضحة لا ريب فيها أن عدم فعل الرسول لشيء لا يدل عن النهي عنه ولم يأمرنا بذلك .

يقول الإمام الشوكاني عند كلامه عن حديث زمارة الراعي ، وأما سده أذنيه **صلى الله عليه وسلم** لسمعه فيحتمل أن تجنبه عما كان يتجنب كثيراً من المباحات كما تجنب أن يبيت في بيته درهم أو دينار مع العلم أنه مباح .

والأمثلة على ذلك كثيرة لا تحصى . ومن هذا البحث نتبيّن أن ما قاله الرسول **صلى الله عليه وسلم** في البيعة لا أصافح النساء ، وقول عائشة ما مست يد رسول الله يد امرأة قط لا يدل على النهي عن المصافحة في البيعة ولا

يتأسى بالرسول **صلى الله عليه وسلم** في عدم الفعل أو في ترك الفعل وما دام الأمر كذلك فإنه لا يتعارض مع حديث أم عطية الذي يرويه البخاري في باب بيعة النساء ، فمصافحة النساء في البيعة مباحة وفي غير البيعة ، فعلها الرسول مرة وتركها مرة أخرى ، والمباح لنا تركه ولنا فعله .

وكذلك لم يأمرنا الرسول **صلى الله عليه وسلم** بترك المصافحة ولم يرد ولا رواية يطلب بها الرسول صلى الله عليه وسلم من الصحابة بترك المصافحة أو وبخ أحداً عليها لا طلباً جازماً ولا غير جازم .

وكذلك بالنسبة لحديث أم عطية وحديث أميمة في التعارض أحاديث الهبة فعن عبد الرحمن بن مالك أن عامر بن مالك الذي يُدعى ملاعب الأسنة قدم على رسول الله **صلى الله عليه وسلم** وهو مشرك فأهدى له فقال النبي **صلى الله عليه وسلم** : إني لا أقبل هدية مشرك ، فإنه يعارض ما روي عن علي بن أبي طالب رضي الله عنه قال : أهدى كسرى لرسول الله **صلى الله عليه وسلم** فقبل منه ، وأهدى له قيصر۔ فقبل منه وأهدت له الملوك فقبل منها .

فالحديث الأول يدل على أن الرسول **صلى الله عليه وسلم** رفض هدية الكفار والحديث الثاني يدل على أنه قبل هدية الكفار ، والجمع بينهما هو أن ترك الرسول **صلى الله عليه وسلم** لفعل لا يدل على النهي عنه ولا على أننا نترك ما ترك.

فالرسول صلى الله عليه وسلم كثيراً ما يترك المباحات ونحن مطالبون بفعل ما فعل الرسول صلى الله عليه وسلم وكذلك الأمر لا يقال أن حديث أم عطية إذا قرن به حديث أميمة يفهم منه أن مصافحة النساء مكروهة ، لا يقال ذلك لأن حديث أميمة ليس فيه نهي إلى جانب أمر يقيد حتى يقال يحمل النبي على الكراهة بل هناك ترك فعل فلا يفيد إلا الإباحة ولا يقيد الكراهة مطلقاً .

ذلك أن مفهوم الكراهة إنما يكون فيما إذا ورد أمر بشيء ونهي عن ذلك الشيء مثل ذلك ما روي عن وائل بن حجر أن طارق ابن سويد الجعفي سأل النبي صلى الله عليه وسلم عن الخمر منها وعنها ، فقال : إنما أصنعها للدواء ، فقال: إنه ليس بدواء ولكنه داء .

وما رواه أبو الدرداء قال: قال رسول الله صلى الله عليه وسلم: ( إن الله أنزل الداء والدواء وجعل لكل داء دواء ، فتداووا ولا تتداووا بحرام ) ، فإن هذين الحديثين يدلان على النهي عن التداوي بالنجس وعن التداوي بالمحرم ، وهذا يعارض ما روي عن قتادة ،( أن أناساً من عكل وعرينة قدموا على النبي صلى الله عليه وسلم وتكلموا بالإسلام فاستوخموا المدينة فأمر لهم النبي صلى الله عليه وسلم بذود وراع وأمرهم أن يخرجوا فليشربوا من أبوالها وألبانها ) .

فهذا الحديث الأخير يعارض الحديثين السابقين ، والجمع بين تلك الأحاديث التي تحل والتي تحرم تحمل على الكراهة . وعلى ذلك يتبين أن مصافحة الرجل للمرأة والمرأة للرجل فعل مباح .

# القُبلـــــة

إن قبلة الرجل لامرأةٍ أجنبية يريدها ، وقبلة المرأة لرجل أجنبي تريده هي قبلة محرمة لأنها من مقدمات الزنى ، ومن شأن مثل هذه القبلة أن تكون من مقدمات الزنى عادة ، ولو كانت من غير شهوة ولو لم توصل إلى الزنى ، ولو لم يحصل الزنى فعلاً ، لأن قول الرسول صلى الله عليه وسلم لماعز لما جاءه طالباً من أن يطهره لأنه زنى: لعلك قبلت ، لعلك لامست ، يدل على أن مثل هذه القبلة هي من مقدمات الزنى .

ولأن الآيات والأحاديث التي تحرم الزنى تشمل تحريم جميع مقدماته ولو كانت لمساً ، إن كان من شأنه أنه من مقدمات الزنى ، مثل أن يريد المرأة ، أو يراودها عن نفسها ، أو أن يقبلها بشغف أو بشهوة أو أن يشدها إليه أو أن يعانقها أو أن يقربها من جسده ، أو ما شاكل ذلك ، كما يحصل بين بعض من لا خلاق لهم من الشباب والشابات ، تقليداً لحياة الأوروبيين والغربيين ، فهذه القبلة تكون محرمة ، وحتى لو كانت للسلام على قادم من السفر أو من يعيش في بعض القرى فقد أصبحت عندهم عادة السلام بالقبلة .

فإن من شأن هذه القبلة بين الشباب والشابات أن تكون من مقدمات الزنى، فهي حرام .

# الإباحة الجنسية وأثرها في المجتمع

إن العلاقة الجنسية التي تقوم بين الرجل والمرأة لا تقل أهمية عن علاقاتهما في الحياة العامة ، بل هي أعظم شأناً منها لأنها تنبثق عن الحياة الزوجية التي هي الأساس في إنجاب الأبناء ، واستمرار الحياة البشرية ، فكان من الطبيعي أن تكون الحياة الزوجية محكومة بنظام دقيق ومتكامل يضمن حفظها وصونها نقية طاهرة وبعيدة عن شتى المحاذير والصلات التي تضر بها وتخرجها عن أصالتها .

والإسلام هو النظام الوحيد الذي حافظ على تنظيم العلاقة بين الرجل والمرأة في إطار الحياة الزوجية القائمة على مراعاة طبيعة كل من الرجل والمرأة ولأنه النظام الوحيد الذي تشكل الناحية النفسية أساسه ، والأحكام الشرعية مقياسه بما يكفل للحياة الزوجية صحتها وسلامتها ، كيف لا والإسلام ينظر إلى المرأة على أنها إنسانة ، وينظر للرجل على أنه إنسان ، وأن من مقتضيات الخلق البشري أن تكون لدى كل إنسان حاجات عضوية ، وغرائز معينة تشكل الطاقة الحيوية فيه ، وأن يكون

لديه العقل والإدراك والمشاعر والعواطف وسائر المقومات التي جعلت منه بشراً سوياً .

وهذا يعني أن الإسلام يرى في الإنسان كائناً حياً وأودع خالقه العظيم فيه جسداً ونفساً وروحاً ، تتفاعل في كينونته لكي يتسامى في خلقه البشري ، ويتكامل في وجوده الإنساني .

ومن هنا كانت أهمية الحياة الاجتماعية في الإسلام التي ترعى تلك العلاقة بجدية تامة ، وتحيطها بعناية زائدة ، وذلك كما ثبت في القرآن الكريم الذي تمتلىء سوره بالآيات البيّنات الدالة على تنظيم العلاقات بين الرجال والنساء .

ولقد بين النظام الإسلامي القواعد الرئيسة التي يقوم عليها النظام الاجتماعي ، من وفاء وإخلاص بين الزوجين ، فهو يريد من الزوجة أن تكون وفية ومخلصة لزوجها ، ويريد من الزوج أن يكون وفياً ومخلصاً لزوجته .

وهي القاعدة نفسها التي تحرم أية علاقة جنسية بين الرجل والمرأة خارج إطار الزوجية ، وإلا عمّت الفاحشة والزنى والفساد في الأرض .

ومن هنا كان من أضخم وأخطر المشاكل التي تواجه الناس تلك المشاكل الناجمة عن العلاقات الجنسية بين الرجال والنساء بصورة غير

مشروعة ، أي أنها غير محكومة بنظام رباني ولا تستند على أساس صحيح تفرضه الأحكام الشرعية التي أنزلها الله سبحانه وتعالى لكي تحتكم إليها .

وعندما نعتبر أن العلاقة الجنسية غير المشروعة بين الرجل والمرأة إنما تشكل مشكلة اجتماعية وإنسانية ، فليس السبب أننا ننظر إليها من وجهة نظر" **فرويد**" وأتباعه وغيرهم من الذين يعتقدون بأن مظاهر الحياة كلها إنما تقوم على غريزة الجنس بل لأننا نرى فيها ضرراً يصيب العالم بأسره ، ويوماً بعد يوم تزداد أخطاره ومضاره على الناس ؛ بما لا يدع مجالاً للشك بأن المشكلة قائمة فعلاً ، وهي تهدد المجتمعات البشرية بأبشع العواقب .

ومن هنا كانت الآراء التي تقّيم الحياة كلها على غريزة وهمية خاطئة ومشبوهة لأنها لم تقيم علاقات الرجل والمرأة تقييماً صحيحاً ، ولم تتناولها كمشكلة تطال المجتمعات ، بقدر ما تطال الأفراد .

ولذلك وجدت دراسات علمية كثيرة تبين خطأ آرائهم ومعتقداتهم حول مفاهيم التأثير الجنسي .

وعلى ذلك نتبين أن العلاقة بين الرجل والمرأة يجب أن تنطلق من المؤثرات النفسية التي تشدهما إلى بعضهما البعض وإلى العلاقات التي تنشأ بينهما بسبب تلك المؤثرات ، لاسيما وأن الإنسان بحكم ضعفه

الذي فطره الله تعالى عليه لابد أن يخضع لتلك المؤثرات سواء من ناحية تكوينه الذاتي ، أو من ناحية تأثير البيئة والمدرسة والسوق والنادي والحياة العامة وغيرها مـن الأمـور التي تمر في حياته ويكون لها وقع كبير على سلوكه في كل ما يتعلق بمشـاهدته للمرأة واحتكاكه بها.

وتلك المؤثرات بكل ما تحوي من مضاعفات تستدعي رعاية العلاقة بين الرجـل والمرأة وتنظيمها تنظيماً دقيقاً ، ووضعها موضع الأهمية .

وذلك بوضع القيود والمعايير التي تصون تلك العلاقة والتي تمنع قيام أي علاقة جنسية غير شرعية وتحول دون معاشرة الرجال للنساء بإباحية وشذوذ .

وإذا لم تكن تلك القيود والضوابط ، فإنه يطلق العنـان للشـهوات والرغبـات البهيمية ، ويعيش الناس في أجواء محمومة مـن الهـوى الجنسي- ممـا يفضي- حـتماً إلى الأمراض الجسدية الفتاكة والعقد النفسية المخجلة ، فضلاً عما يرافق ذلك مـن جرائم وخيانات زوجية ، مما يؤثر بالتالي على الأخلاق والقيم في المجتمعات التي تتآكل رويداً رويداً من داخلها بفعل تلك المفاسد والآثام ، إلى أن يدركها الهـلاك والانـدثار في نهايـة المطاف .

وهذا ليس بعيداً عن الواقع الحـالي ومجتمعاتـه التـي تدّعي التحضر- والتـي يعيش أفرادها على الحرية الشخصية المتعرية من أية قيم وأخلاق .

فهم يرزحون تحت وطأة المدنية المادية ، التي تثقل نفوسهم بأعبائها ، فيلجأون إلى الإباحية في العلاقات الجنسية والمعاشرة المبتذلة ، وتساعدهم على ذلك مظاهر المدنية الرخيصة التي استباحت كل المحرمات ، حيث وفّرت الأجواء لعرض الأجساد العارية على الشواطىء ومعارض الأزياء ، وفي شتى الأماكن والمناسبات ، ناهيك عما تحفل به أوكار الدعارة والقمار ، وما تقدمه المسارح والمراقص والملاهي والحانات ، وما تبثه الأفلام السينمائية ، والستلايت وما يحوي من مشاهد خلاعية ومناظر إباحية حتى جعل كله من المرأة ، ذلك المخلوق الحنون الرقيق سلعة تباع وتشترى ، وجعل منها أداة دعائية للإغواء والإغراء ، بل لقد جعل الإنسان في هذا العصر بمثابة آلة متحركة ، تشده المكاسب المادية ، وتجذبه المتع الفانية وتغريه الملذات الرخيصة ، فأقبل على ارتكاب الفاحشة ، وتاه في حمأة الإثم.

ولعل من أبشع المآسي التي يخلقها لك الانفلات الجنسي- إنما يتمثل في تفكك عرى الأسرة وشيوع الطلاق وابتعاد الأبناء عن الأهل وشيوع كثرة الإجهاض وتكاثر أولاد الزنى ، وكل ذلك ينعكس على حياة المجتمع بالآثار السلبية التي تهز أركانه وتقوده إلى الزوال .

وخير شاهد على ذلك ما حصل في التاريخ السابق الذي يثبت لنا كيف أن تحكُّم الشهوات والانحلال الخلقي واللهث وراء الميول

والرغبات كانت من أهم الأسباب في القضاء على معظم الحضارات القديمة ، كالحضارة الإغريقية والرومانية والفارسية والمصرية وغيرها من الحضارات السابقة المندثرة .

ولقد أصبح واضحاً للعالم اليوم بأن مشاكل الجنس تأخذ برقاب المجتمعات البشرية كافة ، وهي لا تبشر ـ إلا بسوء الحال والزوال الحتمي إن استمرت تلك المجتمعات على ذلك .

وما نشاهده أو نسمع عنه من أمراض الزهري والسيلان والإيدز وما نلاحظه من سن قوانين إباحة الإجهاض واللواط والزنى وانتشار كثير من الأمراض الفتاكة، كل ذلك مرجعه إلى وجود العلاقات الجنسية المشبوهة وغير المشروعة .

# زواج المتعة أو الزواج المؤقت

تعريف نكاح المتعة هو النكاح المؤقت بأمد معلوم أو مجهول .

والحكم الشرعي في نكاح المتعة أنه حرام شرعاً لما روي عن أحمد ومسلم عن سيرة الجهني : أنه كان مع النبي صلى الله عليه وسلم ، فقال : **يا أيها الناس إني كنت أذنت لكم في الاستمتاع من النساء وأن الله قد حرم ذلك إلى يوم القيامة ، فمن كان عنده منهن شيء فليخل سبيله ، ولا تأخذوا مما آتيتموهن شيئاً** " .

وروى أحمد وأبو داوود عن سيرة الجهني أن رسول الله صلى الله عليه وسلم في حجة الوداع نهى عن نكاح المتعة .

وإن المتعة حرام بنص الحديث ، وليس بأمر عمر رضي الله عنه ، فعمر لا يملك تحليلاً ولا تحريماً ، وإنما يملك تبني حكم شرعي قد شرعه الله تعالى ، وهو لا يملك التشريع ورأيه كرأي أي صحابي وهو رأي مجتهد وليس بدليل شرعي ، وما روي عن أن عمر قد نهى عن المتعة فأطاعه الناس ، فإن ذلك كان تنفيذاً لحكم شرعي شرعه الله تعالى وليس

أمراً من عمر ولا رأياً له ، وذلك أن بعض المسلمين لم يبلغهم حينئذ حديث الرسول في تحريم المتعة فلم يكونوا يقولون به فأراد عمر أن يفهمهم أنها حرام فأمر بتحريمها ليبلغ ذلك من لم يبلغه بعد ، فأمره كان تنفيذاً لحكم شرعي وليس أمراً من عنده ، والمسلون أطاعوه لحديث سيرة المصرح بالتحريم المؤبد وليس لأنه أمر به عمر ، والمسلمون متعبدون بما بلغهم عن الشارع .

ولمناقشة الأمر لا بد أن نتعرف على أدلة من يقولون بالزواج المؤقت أو زواج المتعة :

ففي القرآن الكريم قال تعالى : ( فَمَا اسْتَمْتَعْتُمْ بِهِ مِنْهُنَّ فَآتُوهُنَّ أُجُورَهُنَّ فَرِيضَةً )[1] وقد فسر القرطبي ، قال الجمهور : المراد نكاح المتعة الذي كان في صدر الإسلام ، وعلى هذا فإن الاستمتاع لا يعني النكاح العادي أو الزواج الدائم ، وإلا لما كانت هنالك حاجة إلى استعمال لفظ ( فَمَا اسْتَمْتَعْتُمْ بِهِ )كما أن المقصود بالأجر في قوله تعالى (فَآتُوهُنَّ أُجُورَهُنَّ) إنما هو المهر كما صرح بذاك الزمخشري في الكشاف والفخر الرازي في تفسيره ، وكان ابن عباس وأبي بن كعب وسعيد بن جبير يقرأون هذه الآية هكذا فَمَا اسْتَمْتَعْتُمْ بِهِ مِنْهُنَّ -إلى أجل مسمى - (فَآتُوهُنَّ أُجُورَهُنَّ فَرِيضَةً).

---

(١) سورة النساء آية (٢٤).

وأما الأحاديث النبوية التي تدل على مشروعية المتعة عند الشيعة فهي معززة بما يلي :

١- روى مسلم في صحيحه روى إسماعيل عن قيس قال : سمعت عبد الله يعني ابن مسعود يقول : كنا نغزو مع رسول الله صلى الله عليه وسلم ليس لنا نساء، فقلنا : ألا نستخصي ؟ فنهانا عن ذلك ثم رخص لنا أن ننكح المرأة بالثوب إلى أجل ثم قرأ عبد الله :( يَا أَيُّهَا الَّذِينَ آمَنُوا لاَ تُحَرِّمُوا طَيِّبَاتِ مَا أَحَلَّ اللَّهُ لَكُمْ وَلاَ تَعْتَدُوا إِنَّ اللَّهَ لاَ يُحِبُّ الْمُعْتَدِينَ).

٢- وعن عمرو بن دينار قال : سمعت الحسن بن محمد يحدث عن جابر ابن عبد الله وسلمة بن الأكوع قالا : خرج علينا منادي رسول الله صلى الله عليه وسلم فقال : إن رسول الله صلى الله عليه وسلم قد أذن لكم أن تستمتعوا فاستمتعوا[١].

٣- وعن مر بن جريج قال : قال عطاء : قدم جابر بن عبد الله معتمراً فجئناه في منزله ، فسأله القوم عن أشياء ، ثم ذكروا المتعة ، فقال : نعم استمتعنا على عهد رسول الله صلى الله عليه وسلم وأبي بكر عمر[٢].

٤- وعن ابن الزبير قال : سمعت جابر بن عبد الله يقول : كنا نستمتـــع

(١) صحيح مسلم مع شرحه للنووي في هامش إرشاد الساري للعسقلاني ج٦ ص ١٢٤ وصحيح بخاري ج ٣ ص٣.
(٢) صحيح مسلم.

بالقبضة من التمر والرقيق على عهد رسول الله صلى الله عليه وسلم وأبي بكر حتى نهى عنه عمر في شأن عمرو بن ثابت [1].

٥- وعن أبي نضرة قال : كنت عند جابر بن عبد الله فأتاه آتٍ ، فقال : ابن عباس وابن الزبير اختلفا في المتعتين ، فقال جابر : فعلناهما مع رسول الله صلى الله عليه وسلم ، ثم نهانا عنهما عمر ، فلم تعد لهما [2]

**أما ما رواه البخاري في صحيحه :**

حدثنا موسى بن إسماعيل : حدثنا همام عن قتادة قال : حدثني مطرف عن عمر قال : تمتعنا على عهد رسول الله صلى الله عليه وسلم، ثم قال رجل برأيه ما شاء[3]. وكذلك ما رواه البخاري الجزء الثالث ص١٧٣ عن جابر بن عبد الله وسلمة بن الأكوع ، قالا : كنا في جيش فأتانا رسول الله صلى الله عليه وسلم فقال : إنه قد آذن لكم أن تستمتعوا فاستمتعوا .

وقال عمران بن الحصين : نزلت آية المتعة في كتاب الله تبارك وتعالى وعملنا بها مع رسول الله صلى الله عليه وسلم فلم تنزل آية تنسخها ، ولم ينه عنها النبي صلى الله عليه وسلم حتى مات وتتمة هذه الرواية في تفسير الرازي، ثم قال رجل

**(١) صحيح مسلم ج٦ في هامش إرشاد الساري العسقلاني.**
**(٢) صحيح مسلم ج٦ في هامش إرشاد الساري العسقلاني**
**(٣) صحيح البخاري باب التمتع في الحج.**

برأيه ما شاء ، والرواية بتمامها موجودة في صحيح مسلم ، ورواها أيضاً البخاري في صحيحه في باب التمتع في الحج .

والذي عليه جمهور المسلمين أنها منسوخة وهذا ما عليه أهل السنة والإجماع على ذلك والرأي الصواب في هذه المسألة : فإن نكاح المتعة زنى لا شك فيه ، فإنه وقاع رجال لامرأة بغير نكاح ، بل هو زنى كذلك لأنه استحلال لفرج المرأة بما حرمه الشرع تحريماً مؤبداً بالحديث الصحيح ، فقد روى البيهقي عن جعفر بن محمد أنه سُئل عن المتعة فقال : هي الزنى بعينه .

وقد ورد في كتاب" **كنز العمال في سنن الأقوال والأفعال**" الفصل الخامس في نكاح المتعة أن ابن جرير عن عمر أنه قال : إن رسول الله صلى الله عليه وسلم أذن لنا في المتعة ثلاثاً ثم حَرمها ، والله لا أعلم أحداً تمتع وهو مُحصَن إلا رجمته بالحجارة إلا أن تجيئني بأربعة يشهدون أن رسول الله صلى الله عليه وسلم أحلها بعد أن حرمها ، ولا أجد شهداء أن رسول الله صلى الله عليه وسلم قد أحلها بعد أن حرّمها ، وذلك مما يعني أن الخليفة عمر رضي الله عنه عرف أنها زنى وأن مرتكبها يجب أن يقام عليه الحد تنفيذاً لحكم الشرع .

وعلى ذلك فإن الحكم الشرعي في مرتكب المتعة أنه زانٍ تقيم الدولة عليه الحد بوصفه زانياً فتجلده مئة جلدة إن كان غير محصن ، وترجمه بالحجارة إن كان محصنا .

ولا يُعتبر نكاحاً فيه شبهة كالنكاح الفاسد ، حتى ولا نكاحاً باطلاً، بـل هـو زنى محض يحد فاعله قطعاً .

وأما إذا كان مذهبه يجيز المتعة مثل الجعفرية والإمامية فإنه ينظر فيه ، فإن لم يتبنّ الإمام أي الخليفة رأياً في المتعة فإنه لا يطبق عليه حد يخالف مذهبه الـذي يتعبد عليه ، وأما إن كان الإمام قد تبنى تحريم المتعة وأمر بتحريمها فإن مرتكبها يقام عليه الحد أياً كان سواء حنفياً أم جعفرياً أم شافعياً أم إمامياً أم مالكياً أم زيدياً سـواء بسواء وذلك لأن أمر الإمام يرفع الخلاف وهو نافذ ظاهراً وباطناً.

## ولمناقشة الأمر :

فإن الشيعة الإمامية يقولون بجواز المتعة ؛ وحقيقـة الأمـر عنـدهم وكمـا هـو موجود في كتبهم فإن النكاح المؤقت عندهم هـو بشـروطه المعلومـة ، ودليلهم أن الرسـول صلى الله عليه وسلم رخص في المتعة ، وبقيت الرخصـة ولم يحرمهـا بعـد الترخيص بها ، فقد روي عن ابن عباس بقاء الرخصة ، وروى أحمد من طريف معمر بسنده أنه بلغه أن ابن عباس رخص في نكاح   متع النساء ، فقال له: إن الرسول صلى الله عليه وسلم نهى عنه يوم خيبر وعـن لحـوم الحمر الأهلية، قـال السـهيلي: أنه لا يعرف عن أهل السير ورواه الآثار أنه نهى عن نكاح المتعة يوم خيبر

وقال أبو عوانة في صحيحه سمعت أهل العلم يقولون عن علي أن الرسول صلى الله عليه وسلم نهى يوم خيبر عن لحوم الحمر الأهلية ، وأما المتعة فسكت عنها .

فالذين يجيزون المتعة ينكرون أن النبي صلى الله عليه وسلم نهى عن المتعة يوم خيبر، ويستدلون على ذلك بالترخيص بها بعد خبر في حنين وعام الفتح ، ويقولون إن تحليل المتعة مجمع عليه والمجمع عليه قطعي ، وتحريمها مختلف فيه والمختلف فيه ظني ، والظني لا ينسخ القطعي ، ويقولون إن قراءة ابن عباس وابن مسعود وأبيّ بن كعب وسعيد بن جبير : (اسْتَمْتَعْتُمْ بِهِ مِنْهُنَّ) دليل على جواز المتعة .

**وللرد على ذلك** : فإن تلك الأقوال والأدلة باطلة ولا تصلح للاستدلال ولا يُحتج بها ، فكون الرسول صلى الله عليه وسلم قد رخّص في المتعة فهذا الأمر صحيح ولا غبار عليه ولكنه حرّمها بعد أن رخص بها ، فهي أولاً حين أُبيحت لم تكن عزيمة بل كانت رخصة ثم نسخت هذه الرخصة بتحريم المتعة تحريماً مؤبدا ، فالموضوع لا يتعلق بنكاح معين قد سنه الشرع ، بل برخصة رخص بها الشرع ، والموضوع أيضاً ليس كون الشرع قد رخص بها بل الموضوع هو نسخ هذا الترخيص أو عدم نسخه، والنسخ وجب المصير إليه وترك الحكم المنسوخ فوراً .

ولو جاء الإخبار بالنسخ في خبر الآحاد لنسخ ما ثبت بالتواتر والدليل القطعي ، فإن المسلمين كانوا يصلون إلى بيت المقدس قبلتهم الأولى وكان ذلك ثابتاً بالتواتر ، فلما نُسخ التوجُّه إلى بيت المقدس بلغ ذلك المسلمين بطريق الآحاد وهم في الصلاة ، فتحولوا إلى الكعبة وهم في الصلاة وأتموا صلاتهم ، فالحكم الناسخ يجب المصير إليه فوراً دون تردد حتى يثبت النسخ ولو بطريق الآحاد ، ونسخ الرخصة في المتعة بتحريمها تحريماً مؤبداً ثابت بالحديث الصحيح فوجب على المسلمين الأخذ به وترك الحكم المنسوخ .

وأما ما روي عن ابن عباس من بقاء الرخصة ، فإنه روي عنه أنه رجع عن هذا القول بعد أن بلغه حديث تحريم المتعة تحريماً مؤبداً ، وقد روى الرجوع عن ابن عباس جماعة منهم : محمد بن خلف المعروف بوكيع في كتابه " **الفرد من الأخبار** " بسنده المتصل بسعيد بن جبير ، وروى الرجوع أيضاً البيهقي وأبو عوانة في صحيحه ، وفوق ذلك فإن ابن عباس صحابي وكلامه ليس بحجة ورأيه ليس دليلاً شرعياً فلا يُستدل برأي الصحابي ، وإنما يستدل بإجماع الصحابة .

وأما ما روي عن علي رضي الله عنه حق أن النهي في خيبر كان عن لحوم الحمر الأهلية ، وأما المتعة فسكت عنها ، فإنه قد روي عن علي رضي الله عنه في

كتب الصحاح المتفق عليها ما يخالف ذلك ، فعن علي رضي الله عنه أن رسول الله صلى الله عليه وسلم نهى عن نكاح المتعة وعن لحوم الحمر الأهلية زمن خيبر .

وأما قول الشيعة إن تحليل المتعة مجمع عليه والمجمع عليه قطعي ، وتحريمها ظني والظني لا ينسخ القطعي ، فإن الموضوع هو ثبوت النسخ أو عدم ثبوته ، وليس كون الناسخ ظنياً والمنسوخ قطعياً ، والموضوع ليس متعلقاً برواية نص ولا برواية حكم بل الموضوع هو أن هذا الحكم نسخ أو لم يُنسخ فليس هو نسخ قطعي بظني ، بل هو نسخ حكم ثبت بالسنة بحكم ثبت بالسنة ، فموضوع قطعي وظني ليس وارداً ولا هو موضوع البحث فقد ثبت بالسنة إباحة المتعة في صدر الإسلام وثبت بالسنة تحريمها في خيبر ، ثم ثبت بالسنة إباحتها عام الفتح وثبت بالسنة تحريمها في عام الفتح نفسه تحريماً مؤبداً ، فالموضوع ليس نسخ القرآن بالسنة ولا نسخ المتواتر بخبر الآحاد ، وبذلك لا ترد مسألة قطعي وظني .

وأما قراءة ابن عباس وابن مسعود وأُبيّ بن كعب وسعيد بن جبير فإنها ليست قرآنا لأنها جاءت بطريق الآحاد ، ولا يعتبر قرآناً إلا ما جاء بطريق التواتر ، وما ألقي على جمع تقوم الحجة القاطعة بقولهم ، لأن القرآن هو فقط ما نقل نقلاً متواتراً وعلمنا يقينياً أنه من القرآن ، فهذا

وحده هو القرآن وهو الذي يكون حجة، وأما ما عداه فليس قرآناً وليس بحجة .

ولذلك فإن ما نقل إلينا منه، آحاد كمصحف ابن مسعود وغيره ليس بقرآن ولا يكون حجة , وعلى ذلك فإن هذه القراءة ليست قرآناً ، وكذلك ليست سنة ، لأجل روايتها ، فلا يصح الاستدلال بها .

وكذلك فإن تحريم المتعة تحريماً مؤبداً ليس في خيبر ، فإن الرسول صلى الله عليه وسلم قد أباحها بعد خيبر في عام الفتح ، والصحيح أن الرسول صلى الله عليه وسلم قد حرمها تحريماً مؤبداً ثابتاً بتحريمها يوم الفتح ، والنص على تحريمها تحريماً مؤبداً حديث سبرة الصحيح ، فقد روى أحمد ومسلم عن سبرة الجهني : أنه غزا مع النبي صلى الله عليه وسلم في فتح مكة ، قال : فأقمنا بها خمسة عشر فأذن لنا رسول الله صلى الله عليه وسلم في متعة النساء، وذكر الحديث إلى أن قال: لم أخرج حتى حرمها رسول الله صلى الله عليه وسلم ، فقال : يا أيها الناس إني كنت أذنت لكم في الاستمتاع في النساء ، وإن الله قد حرم ذلك إلى يوم القيامة ، فمن كان عنده منهن شيء فليخل ولا تأخذوا مما آتيتموهن شيئاً .

وعلى ذلك فإن رأي الشيعة والجعفرية والإمامية في جواز المتعة رأي باطل لا يستند إلى دليل ، وأن الرأي الصواب : هو تحريم نكاح المتعة تحريماً مؤبداً .

# الزواج على نية الطلاق

فإن تزوج رجل من امرأة ونيته أن يقيم معها شهراً أو شهرين أو مـدة إقامتـه بتلك البلد دون أن يذكر ذلك بالعقد ، والعقد يبقى على ديمومته وبشروطه الشرعية ، فالعقد جائز ، لأن حديث الرسول صلى الله عليه وسلم يقول: إن أبغض الحلال عند الله الطلاق .

فالطلاق مباح ولا حرمة فيه ، فلقد ذكر الشافعي رضي الله عنه في كتاب الأم ما يلي : وإن قدم رجل بلداً وأحب أن ينكح امرأة ونيته ونيتـها أن لا يمسكها إلا مقامـه بالبلد أو يوماً أو اثنين أو ثلاثة كانت على هذا نيته دون نيتها أو نيتها دون نيته أو نيتهما معاً ونية الولي غير أنهما إذا عقدا النكاح مطلقاً لا شرط فيه فالنكاح ثابت ولا تفسد النية من النكاح شيئاً لأن النية حديث نفس وقد وُضع عن الناس ما حـدثوا بـه أنفسهم وقد ينوي الشيء ولا يفعله وينويه ويفعله فيكون الفعل حادثاً غير النية [1].

---

(١) الشافعي كتاب الأم ج٣ ص٨٦ مطبعة دار الفكر..

وكذلك لو نكحها ونيته ونيتها أو نية أحدهما دون الآخر أن لا يمسكها إلا قدر ما يصيبها فيحللها لزوجها دون اتفاق ثبت النكاح ، وسواء نوى ذلك الولي معهما أو نوى غيره أو لم ينوه فلا يفسد النكاح ولا شيء عليه ، إلا إذا وجد شرط يفسده أو وجد تحديد مدة بالعقد ، فالعقد غير جائز ، ولو كانت بينهما مراوضة فوعدها إن نكحها أن لا يمسكها إلا أياماً أو إلا مقامه بالبلد أو إلا قدر ما يصيبها كان ذلك بيمين أو غير يمين سواء ، فإن كان العقد مطلقا لا شرط فيه فهو ثابت ، لأنه انعقد لكل واحد منهما على صاحبه ما للزوجين . ولقد ذكر ذلك الشوكاني في كتابه نيل الأوطار ، وعلى ذلك فالزواج على نية الطلاق جائز شرعاً ولكن دون وجود شرط يفسد العقد ، وأن يكون العقد مطلقاً دون تحديد مدة .

وذكر ذلك ابن قدامة في كتابه المغني ، وكما قيل المغني يغني ، فقال في مسألة رقم (٥٤٨٩ ): وإن تزوجها بغير شرط إلا أن نيته طلاقها بعد شهر أو إذا انقضت حاجته في هذا البلد ، فالنكاح صحيح في قول عامة أهل العلم إلا الأوزاعي قال : نكاح متعة ، والصحيح أنه لا بأس به ولا تضر نيته وليس على الرجل أن ينوي حبس امرأته وحبسه إن وافقته وإلا طلقها[1].

(١) المغني لأبن قدامة ص ٥٧٣ المجلد السابع دار الفكر.

# لباس المرأة المسلمة والحجاب

لقد ذهب بعض الأئمة والمجتهدين للقول بأن جميع جسد المرأة عورة ، حتى وجهها وكفيها وأنه يجب على النساء في الإسلام الحجاب الكامل ماعدا عيونهن وهذا الرأي رأي إسلامي .

وقال غالبية الأئمة والمجتهدين وأصحاب المذاهب بأن الحجاب غير مفروض على النساء في الإسلام ، فلا يجب على المرأة المسلمة أن تستر وجهها وكفيها مطلقاً لأنها ليست بعورة .

ولأن هذه المشكلة من المشاكل الاجتماعية الهامة التي تؤثر على طراز الحياة الإسلامية ، لذلك لا بد من تبيان وجه الحقيقة ، والرأي الراجح والدليل الأقوى حتى يتبعه المسلمون ويتبنّونه بناء على قوة الدليل الشرعي، وذلك بعد الدراسة والاستقراء واستعراض الأدلة الشرعية .

فلقد أثيرت هذه القضية ، وظهرت كأنها مشكلة في حياة المسلمين منذ أكثر من نصف قرن تقريباً ، وذلك عندما عمد بعض العملاء

والمضبوعين بالثقافة الغربية ، فحاولوا أن يدسوا على الإسلام آراء غير إسلامية ، وحاولوا أن يفسدوا وجهة نظر المسلمين ، فسعوا للترويج للثقافة الغربية ، ونشرها بأساليب جذّابه خدّاعة تستهوي النفوس الضعيفة ، فأثاروا المناقشات حول فكرة الحجاب والسفور ، ولم يتصدّ لهم علماؤنا ومفكرونا ، بل بعض الكتاب والأدباء وبعض المتعلمين الجاحدين الذين مكنوا لآراء العملاء المأجورين من النجاح والسيطرة على أذهان المفتونين بمدنية الغرب وأفكاره العفنة .

ولقد كان هدفهم من ذلك هو الدّس على الإسلام وتشويه معانيه ومفاهيمه ، ومن ثم إفساد المسلمين وجعلهم يشكون في دينهم ويرون تقصيره عن مواجهة ظروف الحياة وتغيراتها .

والأصل في البحث يجب أن يكون في أحكام شرعية استنبطها مجتهدون واستندوا فيها إلى دليل أو شبهة دليل ، وليس في أراء كتاب مأجورين ، أو أشخاص مخدوعين بالثقافة الغربية .

فما قاله المجتهدون بناءً على اعتمادهم الأدلة الشرعية هو الذي يوضع موضع بحث ويناقش مناقشة تشريعية ، وذلك بعد عرض آراء الفقهاء والمجتهدين وعرض أدلتهم ، ومن ثم يؤخذ الرأي الراجح .

أما الذين قالوا بالحجاب فقد ذهبوا إلى أن بدن المرأة كله عورة في الصلاة ما عدا الوجه والكفين ، وفي خارج الصلاة فجميع بدنها عورة ، بما في ذلك وجهها وكفاها ، واستندوا في رأيهم هذا إلى الكتاب والسنة .

أما الدليل الذي اعتمدوه في الكتاب فهو قول الله تعالى : (وَإِذَا سَأَلْتُمُوهُنَّ مَتَاعًا فَاسْأَلُوهُنَّ مِنْ وَرَاءِ حِجَابٍ)[1]، وقوله تعالى : ( يَا أَيُّهَا النَّبِيُّ قُل لِأَزْوَاجِكَ وَبَنَاتِكَ وَنِسَاءِ الْمُؤْمِنِينَ يُدْنِينَ عَلَيْهِنَّ مِن جَلَابِيبِهِنَّ ذَلِكَ أَدْنَى أَن يُعْرَفْنَ فَلَا يُؤْذَيْنَ)[2]، ومعنى يُدْنِينَ عَلَيْهِنَّ مِنْ جَلَابِيبِهِنَّ يرخينها عليهن ويغطين بها وجوههن وأعطافن .

ويرى أصحاب هذا الرأي أن النساء في أول الإسلام كن على عادتهن في الجاهلية يكتفين بالدرع والخمار لا فرق بين الحرة والأمة ، وكان بعض الفتيان يتعرضون للإماء إذا خرجن ليلاً لقضاء حوائجهن ، وربما تعرضوا للحرة ، بحجة أنهم حسبوها أمة ، فأمرن أن يخالفن بزيهن زي الإماء بلبس الأردية والملاحف وستر الرؤوس والوجوه ، فلا يطمع فيهن طامع ، ولهذا أجدر وأولى ألا يعرفن فلا يُتعرض لهن ، ولا يلقين ما يكرهن ، فلا تتجه الأنظار نحوهن بأذية لأنهن حرائر مصونات .

---

(١) سورة الأحزاب آية (٥٣)..
(٢) سورة الأحزاب آية (٥٩).

واستدلوا أيضاً بقوله تعالى : ( وَقَرْنَ فِي بُيُوتِكُنَّ وَلَا تَبَرَّجْنَ تَبَرُّجَ الْجَاهِلِيَّةِ الْأُولَى) وهو دليل على الاحتجاب وعدم الظهور بين الناس .

هذا بالنسبة للآيات أما الدليل الذي اعتمدوه في السنة ، هو ما روي عن النبي صلى الله عليه وسلم أنه قال : " المرأة عورة " وما نقل عن جرير بن عبد الله أنه قال : سألت رسول الله صلى الله عليه وسلم عن نظرة الفجاءة ، فأمرني أن أغض بصري ، وما نقل عن علي رضي الله عنه أنه قال : قال رسول الله صلى الله عليه وسلم : " **لا تتبع النظرة فإنما لك الأولى وليست لك الآخرة**" .

هذه أدلة القائلين بوجوب أن تضع المرأة المسلمة الحجاب ، لأن بدنها عورة .

نقول وبالله التوفيق أن هذه الأدلة لا تنطبق على مسألة الحجاب ، ولا تتعلق بموضوعه ، لأن آية الحجاب وآية وَقَرْنَ فِي بُيُوتِكُنَّ ليس فيهما خطاب لنساء المسلمين قطعياً ، بل هما خاصتان بنساء النبي صلى الله عليه وسلم ، والنصوص بحد ذاتها تُثبت الحقيقة ، فالآية ٥٣ من سورة الأحزاب وهي آية واحدة يرتبط أولها بآخرها لفظاً ومعنى تبين وبوضوح أنها خاصة بنساء النبي صلى الله عليه وسلم ، قال تعالى في محكم التنزيل : ( يَا أَيُّهَا الَّذِينَ آمَنُوا لَا تَدْخُلُوا بُيُوتَ النَّبِيِّ إِلَّا أَنْ يُؤْذَنَ لَكُمْ إِلَى طَعَامٍ غَيْرَ نَاظِرِينَ إِنَاهُ وَلَكِنْ إِذَا دُعِيتُمْ فَادْخُلُوا فَإِذَا طَعِمْتُمْ فَانْتَشِرُوا وَلَا مُسْتَأْنِسِينَ لِحَدِيثٍ إِنَّ ذَلِكُمْ كَانَ

يُؤْذِي النَّبِيَّ فَيَسْتَحْيِي مِنْكُمْ وَاللَّهُ لَا يَسْتَحْيِي مِنَ الْحَقِّ وَإِذَا سَأَلْتُمُوهُنَّ مَتَاعًا فَاسْأَلُوهُنَّ مِنْ وَرَاءِ حِجَابٍ ذَلِكُمْ أَطْهَرُ لِقُلُوبِكُمْ وَقُلُوبِهِنَّ وَمَا كَانَ لَكُمْ أَنْ تُؤْذُوا رَسُولَ اللَّهِ وَلَا أَنْ تَنْكِحُوا أَزْوَاجَهُ مِنْ بَعْدِهِ أَبَدًا إِنَّ ذَلِكُمْ كَانَ عِنْدَ اللَّهِ عَظِيمًا)[1]

وقوله تعالى في سورة الأحزاب (يَا نِسَاءَ النَّبِيِّ لَسْتُنَّ كَأَحَدٍ مِنَ النِّسَاءِ إِنِ اتَّقَيْتُنَّ فَلَا تَخْضَعْنَ بِالْقَوْلِ فَيَطْمَعَ الَّذِي فِي قَلْبِهِ مَرَضٌ وَقُلْنَ قَوْلًا مَعْرُوفًا ٣٢ وَقَرْنَ فِي بُيُوتِكُنَّ وَلَا تَبَرَّجْنَ تَبَرُّجَ الْجَاهِلِيَّةِ الْأُولَى وَأَقِمْنَ الصَّلَاةَ وَآتِينَ الزَّكَاةَ وَأَطِعْنَ اللَّهَ وَرَسُولَهُ )[2].

فلا يوجد أبلغ ولا أدل من هذه النصوص على أن الخطاب تخصيص لنساء النبي صلى الله عليه وسلم وقد جاءت الآية التي تلت بعدهما مباشرة تؤكد هذا التخصيص بنساء النبي صلى الله عليه وسلم ، قال تعالى :( وَاذْكُرْنَ مَا يُتْلَى فِي بُيُوتِكُنَّ مِنْ آيَاتِ اللَّهِ وَالْحِكْمَةِ إِنَّ اللَّهَ كَانَ لَطِيفًا خَبِيرًا)[3]، فذكرهن بأن بيوتهن مهابط الوحي وما يحمل من آيات الله والحكمة التي تجعل الناس يؤمنون بحقيقة وجود الله تعالى ، بل قوله عز وجل : اللَّهِ وَلَا أَنْ تَنْكِحُوا أَزْوَاجَهُ مِنْ بَعْدِهِ لهو خير دليل على أنه حكم خاص بنساء النبي صلى الله عليه وسلم .

---

(١) سورة الأحزاب آية (٥٣) . (٢)سورة الأحزاب آيبة (٣٢-٣٣).

(٣) سورة الأحزاب آية (٣٤).

ومن هذا كله نتبين بأن الله ـ سبحانه وتعالى ـ يخاطب نساء النبي صلى الله عليه وسلم وهي أحكام خاصة بنساء النبي، ولا يقال إن خطاب نساء الرسول صلى الله عليه وسلم خطاب للنساء المسلمات ، لا يقال ذلك ، لأن القدوة لا تكون إلا بالرسول صلى الله عليه وسلم لقول الله تعالى : لَكُمْ فِي رَسُولِ اللَّهِ أُسْوَةٌ حَسَنَةٌ[1]، ونساء الرسول صلى الله عليه وسلم لسن محل القدوة ، ولا يصح أن يكن قدوة بحيث يُفعل الفعل لأنهن يفعلنه .

وكذلك الأمر لا يُقال إذا كانت نساء الرسول صلى الله عليه وسلم وهن الطاهرات اللواتي يُتلى الوحي في بيوتهن ، يُطلب منهن الحجاب فإن غيرهن من نساء المسلمات أولى أن يُطلب منهن ذلك لا يقال ذلك لعدة أسباب :

**أولاً:** إن طلب الحجاب لا يدخل في باب الأولى فعندما ينهى الله تعالى عن الفعل الصغير ، يكون ذلك النهي عن الأمر الكبير من باب أولى ، لقوله تعالى : ( فَلَا تَقُلْ لَهُمَا أُفٍّ)[2]، يُفهم منه من باب أولى نهي عن أن يشتمهما أو يؤذيهما .

والنص على الحجاب ليس من هذا القبيل ، لأن سياق الآيات لا يدل إلا على نساء النبي صلى الله عليه وسلم ولا يدل على أي فهم آخر .

---

( ١) سورة الأحزاب آية (٢١). (٢) سورة الإسراء آية (٢٣).

ثانيا : إن خطاب الحجاب جاء نصاً قطعياً لنساء نص عليهن بعينهن ، لكونهن فقط نساء النبي صلى الله عليه وسلم ، فلا يكون موجها لغيرهن من الأشخاص مطلقاً ، لا لمن هن أعلى منهن ، ولا لمن هن أدنى منهن ، فهو إذن أمر يتصف بوصف معين ، ويختص بنساء معينات ، وهو أمر لنساء النبي صلى الله عليه وسلم بوصفهن نساءه ، لأنهن لسن كأحدٍ من النساء .

وبذلك يتضح لنا أمورٌ لا بد من الإشارة إليها وهي إذا انتفى انطباق قاعدة " **العبرة بعموم اللفظ لا بخصوص السبب**" ، وإذا انتفى الاقتداء بنساء النبي صلى الله عليه وسلم وانتفى كون غيرهن ملزمات بالحجاب من باب أولى، وثبت أن النص القطعي خاص بنساء النبي صلى الله عليه وسلم ، فإنه يتبين لنا من ذلك كله أن الحجاب خاص بنساء النبي صلى الله عليه وسلم ، وليس مفروضاً على سائر النساء المسلمات مطلقاً .

وأما قوله تعالى: (يُدْنِينَ عَلَيْهِنَّ مِنْ جَلَابِيبِهِنَّ )فلا يدل على تغطية الوجه بحال من الأحوال ، لا منطوقاً ولا مفهوماً ، ثم إن چ ﻫچالواردة في النص ليست هنا للتبعيض وإنما هي للبيان ، أي يُرخين عليهن جلابيبهن ، لأن معنى أدنى الثوب : أرخاه ، والجلباب هو الملحفة أو كل ما يُستر به من كساء وغيره من اللباس .

ولقد ورد في الحديث أن الجلباب يعني الملاءة التي تضعها المرأة فوق ثيابها ، فعن أم عطية رضي الله عنها قالت : أمرنا رسول الله صلى الله عليه وسلم أن نخرج في الفطر والأضحى ، والعوائق والحُيَّض وذوات الخدور ، فأما الحُيَّض فيعتزلن الصلاة ويشهدن الخير ، ودعوة المسلمين ، قالت : يا رسول الله إحدانا لا يكون لها جلباب ، قال صلى الله عليه وسلم : لتلبسها أختها من جلبابها . أي لتعرها أختها أية واحدة من المسلمات من ثيابها ما يمكنها أن تلبسه فوق ثيابها .

وكذلك فإن ما روي عن ابن عباس أنه قال : الجلباب رداء يستر من فوق إلى أسفل ، فلا يوجد في الآية الكريمة أي إشارة تدل على وجوب ستر الوجوه وتغطيتها ، والقرآن الكريم تُفسر ألفاظه وجمله بمعناها اللغوي والشرعي ولا يجوز أن تُفسر في غيرها ، والمعنى اللغوي في آية الجلباب واضح بأنه أمر للنساء أن ينزلن ، ويسدلن الثوب الفضفاض الذي يلبسنه فوق الثياب إلى أسفل حتى يغطي أخمص القدمين ، فعن ابن عمر قال : قال رسول الله صلى الله عليه وسلم: من جرّ ثوبه خُيلاء لم ينظر الله إليه يوم القيامة ، فقالت أم سلمة : فكيف يصنع النساء بذيولهن ؟ قال صلى الله عليه وسلم: يُرخين شبراً ، قالت : إذن ينكشف أقدامهن ، قال صلى الله عليه وسلم: فيرخينه ذراعاً لا يزدن عليه[1].

(١) كنز العمال الجزء الثالث رقم ٧٧٥٨.

ومن هنا يتبين لنا أنه لا يوجد أي دليل على أن الله سبحانه وتعالى فرض على المسلمات تغطية الوجه والكفين ، كما أنه لا يوجد أي دليل على أن الوجه والكفين عورة ، والدليل على أن الوجه والكفين ليسا عورة وأنه يجوز لها أن تخرج من بيتها إلى السوق والطريق كاشفة وجهها وكفيها فهو ثابت في القرآن الكريم والسنة النبوية .

أما القرآن : قال الله تعالى : (وَلَا يُبْدِينَ زِينَتَهُنَّ إِلَّا مَا ظَهَرَ مِنْهَا وَلْيَضْرِبْنَ بِخُمُرِهِنَّ عَلَى جُيُوبِهِنَّ)[1]، وما روي عن ابن عباس في تفسير ( مَا ظَهَرَ )تعني الوجه والكفين ، وجرى على ذلك المفسرون ، قال الإمام بن جرير الطبري : وأولى الأقوال ذلك بالصواب قول من قال: عني بذلك الوجه والكفين وقال القرطبي : لما كان الطالب من الوجه والكفين ظهورهما عادة وعبادة ، وذلك في الحج والصلاة ينصح أن يكون الاستثناء راجعاً إليهما ، وقال الإمام الزمخشري : فإن المرأة لا تجد بُداً من مزاولة الأشياء بيديها ومن الحاجة إلى كشف وجهها خصوصاً في الشهادة والمحاكمة والنكاح ، وتضطر إلى المشي في الطرقات وظهور قدميها ، وخاصة الفقيرات منهن .

وأما الحديث فقد قال صلى الله عليه وسلم لأسماء بنت أبي بكر : يا أسماء إذا بلغت المرأة المحيض فلا يبتان منها إلا هذا وهذا وأشار إلى الوجه والكفين ، وغيره من الأحاديث .

---

(١) سورة النور آية (٣١).

ولقد ثبت أن النساء كنّ يظهرن بين يدي رسول الله وفي حضرته وجوههن وأيديهن ، ولم يُنكر عليهن صلى الله عليه وسلم ذلك الفعل كما أنهن كن يكشفن وجوههن وأيديهن في السوق ، وفي الطرقات ولم يُنكر عليهن صلى الله عليه وسلم ، وأما ما ورد عن بعض المجتهدين عن أن الحجاب يُشرع للمرأة خوف الفتنة ، أي تُمنع المرأة من كشف وجهها أمام الرجل ، ليس لأنه عورة بل مخافة الفتنة ، وهذا قول باطل من عدة وجوه :

**الوجه الأول :** إن جعل خوف الفتنة علة لتحريم كشف الوجه ، ووجوب ستره ، لم يرد به نص شرعي لا صراحة ولا دلالة ولا استنباطاً ولا قياساً ، وعلى هذا فلا يكون علة شرعية ، بل علة عقلية ، والعلة العقلية لا اعتبار لها في الأحكام الشرعية .

**الوجه الثاني :** فلقد ثبت بالدليل القاطع الذي لا يدع مجالاً للشك أنه لم يرد أي تحريم لكشف الوجه والكفين خوف الفتنة ولم يرد بذلك نص شرعي لا في الكتاب ولا في السنة ولا في إجماع الصحابة ، ولا علة شرعية يُقاس عليها ، ولذلك فهو لا يعتبر حكماً شرعياً ، لأن الحكم الشرعي هو خطاب الشارع المتعلق بأفعال العباد.

فالآيات والأحاديث تدل دلالة واضحة على كشف الوجه والكفين وعلى ذلك فإن تحريم إظهار الوجه والكفين هو تحريم لما أحله الله تعالى ورسوله الكريم .

**والوجه الثالث والأخير:** إن تطبيق قاعدة الوسيلة إلى الحـرام محرمـة لا تطبـق على تحريم كشف الوجه لخوف الفتنة ، فهذه القاعدة تقتضي أن يتوفر لها أمران :

**أولاً:** أن تكون الوسيلة موصلة إلى الحرام قطعاً ، وأن تكـون سبباً ينـتج المُسبب أي الحرام حتماً .

**ثانياً:** أن يكون ما يؤول إليه قد ورد النص بتحريمه وليس مما يحرمه العقل ، فالعقل ليس دليلاً شرعياً .

والشرع وإن كان يحرم الفتنة ، إلا أنه لم يجعل هنا الفتنة حراماً على من يفتتن بها من النساء بل حرّم على الناظر أن ينظر إليها نظرة افتتـان ، ولم يحـرّم ذلك عليهـا كنظرة ، فقد ورد في الحديث الذي رواه أبو داوود عن الفضل بن العباس والخثعمية : أن الرسول صلى الله عليه وسلم صرف وجه الفضل عـن الخثعميـة ، ولم يأمرهـا بسـتر وجهها وكانت كاشفة له ، فلو كانت الفتنة واقعة على من يفتتن بها لكان الرسول صلى الله عليه وسلم أمر الخثعمية بستر وجهها بعد أن تحقق من نظـرة الفضـل لهـا نظرة افتتان ، وهذا يدل على أن التحريم موجه إلى الناظر لا إلى المنظور إليها .

وعلى هذا يتبين لنا جواز إظهار الوجه والكفين وخلاف ذلك يبقى مجرد رأي إسلامي غير ملزم للمسلمات .

# الإسلام وتعدد الزوجات

إن إباحة تعدد الزوجات كان بأمر من الله سبحانه وتعالى وليس من صنع المسلمين ولا من تفسير المفسرين والفقهاء ولا من استنباط المجتهدين .

وهذه الإباحة إنما جاءت لمعالجة مشاكل اجتماعية يقع فيها الناس كمشكلة العوانس والأرامل ومشكلة العقم ، ومشكلة الضعف الذي يصيب بعض النساء وقدرة الرجل الجنسية وغير ذلك ، وما أحله الله تعالى في عليائه لا يمكن لأي إنسان أن يحرمه على الأرض ، وإلا خالف الله تعالى ووقع في المعصية .

وتعدد الزوجات الذي أباحته جميع الشرائع السماوية لم يكن محدداً بعدد معين حتى جاء الإسلام ، والدليل على ذلك ما روي عن ابن عمر أنه قال: أسلم غيلان الثقفي وتحته عشر نسوة في الجاهلية ، فأسلمن معه ، فأمر النبي صلى الله عليه وسلم أن يختار منهن أربعاً [1].

---

(١) رواه أحمد وابن ماجه والترمذي، نيل الأوطار ١٥٩/٦٢.

وروى أبو داوود وابن ماجة عن عيس بن الحارث قال : أسلمت وعندي ثماني نسوة ، فأتيت النبي صلى الله عليه وسلم ، فذكرت ذلك له فقال صلى الله عليه وسلم : اختر منهن أربعاً .

وروى الشافعي عن نوفل بن معاوية أنه أسلم وتحته خمس نسوة فقال له النبي صلى الله عليه وسلم : أمسك أربعاً وفارق الأخرى ، وهذا الحديث ضعيف .

إذن جاء الإسلام وحدد عدد الزوجات ، ووضع الضوابط بما يتوافق وأهم شيء في حياة الإنسان ، وأراد الإسلام أن تكون الحياة الزوجية حياة نظيفة عفيفة صافية بعيدة عن كل أنواع الفسق والفجور التي تسيء إلى الزوجين ، كما تسيء إلى المجتمع بأسره .

ويعتبر التشريع الإسلامي أفضل التشريعات على الإطلاق لأنه أحاط بنظام الزواج كنظام متميز ، والأحوال التي تبيح تعدد الزوجات .

فقد جعل الإسلام الزواج من صلب الدين للإنسان المسلم فقد قال الرسول صلى الله عليه وسلم : **من تزوج فقد أحرز نصف دينه .**

والحكم الشرعي في تعدد الزوجات إنما نزل مفروضاً بأمر من الله تعالى خالق الكون والإنسان والحياة ، وهو أعلم بطبيعة الخلق وهو أعلم بطبيعة الأنفس ، قال عز وجل في محكم التنزيل : ( فَانْكِحُوا مَا طَابَ لَكُمْ مِنَ النِّسَاءِ مَثْنَى وَثُلَاثَ وَرُبَاعَ فَإِنْ خِفْتُمْ أَلَّا تَعْدِلُوا فَوَاحِدَةً أَوْ مَا مَلَكَتْ أَيْمَانُكُمْ ذَلِكَ أَدْنَى أَلَّا

تَعُولُوا﴾[1] وقد نزلت هذه الآية الكريمة على الرسول صلى الله عليه وسلم في السنة الثامنة للهجرة يوم أن كان تعدد الزوجات غير محدد بعدد معين ، فجعلت حده الأقصى أربع زوجات لا يزدن على ذلك قطعاً ، فلا يجوز لمسلم أن يجمع بين أكثر من أربع زوجات ، مع التأكيد على عدم الجمع بصورة مطلقة إذا خاف ألا يعدل بين الأربع ، فإن شعر الإنسان أنه غير قادر على أن يعدل بين زوجتين اثنتين أو بين ثلاث أو بين أربع ، عندها عليه أن يكتفي بواحدة فقط ، وأن يترك الجمع بين أكثر من واحدة .

والأمر بتعدد الزوجات يدور كله مع هذا العدل ، فالعدل هو الأساس ، وهو القاعدة ، فإن استطاع الرجل على تحقيق العدل فله أن يتزوج حتى أربع ، وإلا فواحدة ، فذلك أقرب عند الله تبارك وتعالى لعدم الظلم والجور :﴿ ذَلِكَ أَدْنَى أَلَّا تَعُولُوا﴾ والعول هو الظلم والجور لما روت السيدة عائشة عن النبي صلى الله عليه وسلم (أَلَّا تَعُولُوا)ألا تجوروا .

والعدل ليس شرطاً في إباحة تعدد الزوجات وإنما هو حكم شرعي آخر ، والحقيقة أن مفهوم العدل بين الزوجات هو فيما استطاع الإنسان وفق قدرته وطاقته ، قال تعالى :﴿ لَا يُكَلِّفُ اللَّهُ نَفْسًا إِلَّا وُسْعَهَا﴾،أي بقدر طاقتها واحتمالها .

---

(١) سورة النساء آية (٣).

ومع ذلك يقول الله عز وجل في آية أخرى : ﴿ وَلَنْ تَسْتَطِيعُوا أَنْ تَعْدِلُوا بَيْنَ النِّسَاءِ وَلَوْ حَرَصْتُمْ فَلَا تَمِيلُوا كُلَّ الْمَيْلِ فَتَذَرُوهَا كَالْمُعَلَّقَةِ ﴾[1].

فالعدل المقصود بالآية الأولى هو معاملة الزوجات على قدم المساواة وما يقدر عليه الرجل من مأكل ومسكن وكسوة وحلي ، فإن قدم لإحداهن ثوباً، عليه أن يقدم للأخريات مثلها ، وإن أسكن إحداهن في قصر عليه أن يسكن الأخرى في قصر مماثل وهذا هو العدل المادي المقصود.

**أما المقصود في الآية الثانية :**

من عدم استطاعة تحقيق العدل المطلق ، فهو في الأمور العاطفية والمعنوية مثل الحب والميل الجنسي المتعلق بالجماع ، فلا يستطيع الرجل أن يتحكم بمشاعره تجاه أزواجه بالتساوي ، فقد روي عن السيدة عائشة رضي الله عنها أنها قالت : كان رسول الله صلى الله عليه وسلم يُقسم فيعدل ، يقول : اللهم إن هذا قسمي في ما أملك ، فلا تلمني في ما تملك ولا أملك ، يعني قلبه ، وقد روي عن ابن عباس رضي الله عنه في تفسير قوله تعالى : وَلَنْ تَسْتَطِيعُوا أَنْ تَعْدِلُوا بَيْنَ النِّسَاءِ ، معناها عدم الاستطاعة في الحب والجماع ، لأن الجماع يتأتى غالباً من الميل كل

---

(١) سورة النساء آية (١٢٩) .

الميل إلى الزوجة التي يحبها أكثر من غيرها ، وهو نهي عن أن يكون هذا الميل كلياً .

والآية( وَلَوْ حَرَصْتُمْ) والمقصود أن الرجل ولو حرص على العدل بين زوجاته فإنه غير قادر على ذلك ، إذ لا بد أن يميل قلبه إلى واحدة ولكن لا يجوز أن يميل كل الميل ويترك الأخريات دون أي اهتمام أو رعاية .

## أما لماذا تعدد الزوجات :

فلقد ثبت أن تعدد الزوجات ضرورة ملحة وذلك لكثرة المشاكل التي يعاني منها الناس ، وأنها العلاج الوحيد لكثير من المشاكل وذلك للأسباب التالية:

١- قد تكون المرأة عاقراً فلا تلد ، وهي تحب زوجها وزوجها يحبها ، وترفرف على حياتهما الزوجية الطمأنينة والسعادة ، ولكن الميل الطبيعي للإنجاب قد يغلب على الزوج ، وحرمانه من الأولاد قد ينغص عليه حياته ، بل قد يحول الحياة الزوجية إلى جحيم لا يطاق ، مما يجعل الزوج يلجأ إلى طلاق زوجته التي يُحب ، وبذلك يُحطم حياة زوجية سعيدة يمكن الحفاظ عليها .

فكان لا بد من العلاج الناجح الذي يحافظ على تلك الحياة الزوجية ، ويحافظ كذلك على النسل وإنجاب الأولاد ،ولا يكون

ذلك إلا بالزواج من امرأة ثانية تلد له البنين ، والمـرأة الحكيمـة عنـدما تكون عـاقراً ، هي التي تُشجع زوجها على الزواج من امرأة أخرى حتى تحـافظ على حياتها معـه ، وبذلك تسعد زوجها بإنجاب أولاد من أخرى ، ولعل في حياة أبي الأنبيـاء إبـراهيم عليه السلام وزوجته سارة خير مثال على صحة تعدد الزوجات وحسناته ، فهـي التي طلبـت من زوجها إبراهيم عليه السلام أن يتزوج من جاريتها هاجر حتى ينجب ولداً تقر بـه عيناه، وكانت نفسه تواقة إلى ذلك فأنجب إسماعيل عليه السلام ، ثم شاءت إرادة المولى عز وجل أن يهب سارة على حسن فعلها أن وهب لها الله سبحانه وتعالى إسحاق عليه السلام بعد أن كانت عجوزاً عقيماً، وكان زوجها شيخاً كبيراً في السن .

٢- إن التكوين الفيزيولوجي للرجال قد يختلف من شخص لآخر ، فقـد يكون عنـد البعض منهم نهم جنسي وقوة جنسية قد يؤدي إلى إرهاق الزوجة والإضرار بها ، أو قد يكون عند المرأة ضعف جنسي، فـلا تستطيع أن تلبـي رغبـات زوجها ، فهـل يبحث الرجل عن غيرها من النساء لإشباع ذلك النهم ، ويقدم على الزنى ويعـاشر النساء بصورة غير مشروعة وهو يعلم أن ذلك حرام شرعاً .

والعصر الحاضر يبث شدة ما تعانيه البشرية من أضرار الزنى ،

وما ينتج عنه من أمراض فتاكة وقاتلة مثل الإيدز والزهري والسيلان وغيرها، أم يتزوج من امرأة ثانية تلبي حاجاته الجنسية وتشبع نهمه الجنسي .

هذا بالنسبة للرجل أما أن كانت المرأة غير عادية ولديها نهم جنسي- وهي لا تستطيع أن تكون زوجة إلا لرجل واحد ، فماذا تفعل المرأة إذا كان هذا حالها ، أقول والله المستعان : إن الله سبحانه وتعالى قد وضع نظاماً متميزاً للرجل والمرأة حرم بموجبه على المرأة أن تتزوج أكثر من رجل واحد تبقى في ذمته ، حتى يفترقا بالطلاق أو موت الرجل وبذلك لها أن تتزوج ، فحرام الله تعالى لا يجوز مخالفته أو خرقه.

أما علاج المرأة ذات النهم الجنسي فهو التعفف ومقاومة الشهوة بالصيام فإن له وجاء أي وقاية ، وليس ذلك مستعصياً إذ يمكن للمرأة أن توطن نفسها عليه ، وبصبر المرأة على الرجل ، عندما تشعر بأن الرجل يصون عرضها ويحافظ على شرفها وعفتها ويساعدها على تقوية إرادتها .

فهذا النظام الرباني الذي يجعل المرأة زوجة لرجل واحد هو النظام الذي يمتاز بحفاظه على النسل ، ويمنع اختلاط الأنساب ، فلا تحمل المرأة جنيناً لا يُعرف أبوه .

ومن هنا قدم الإسلام علاجاً لكل مشكلة ، فهو من ناحية أوجد العلاج للرجل بإباحة تعدد الزوجات ، ومن ناحية ثانية أوصى المرأة وحضها على التعفف حرم عليها ارتكاب الزنا حتى تبقى مصونة الكرامة ، ومع ذلك فقد أباح لها الشرع أن تبذل مهرها للرجل على أن يطلقها وتنتهي من عصمته فتذهب وتتزوج من شاءت .

٣- قد تحصل حروب أو أحداث معينة أو صراعات مدمرة تحصد عدداً كبيراً من الرجال أكثر مما تحصد من النساء وذلك لأن طبيعة الحروب والمعارك تبيد الكثير من الرجال ، لأن الرجال هم الذين يشاركون في المعارك ويتصدون للعدو وينازلونه في ساحات الوغى ، والدليل على ذلك ما حصل في الحربين العالميتين الأولى والثانية اللتين قضتا على الملايين من الرجال ، وتركتا الكثير من النساء بلا أزواج، ولقد حصل في بعض البلدان أن قامت النساء بمظاهرات تطالب بالأخذ بنظام تعدد الزوجات، كما حملت كثيرات لافتات عند إشارات المرور يُعلنَّ فيها عن الرغبة في الاتصال الجنسي، وقد حصلت ولادات غير شرعية كثيرة جداً، ووجد اللقطاء في الشوارع والحدائق العامة .

ولذلك كان لابد من علاج ناجح لهذه المشكلة ولهذه المعضلة ، فكان لا بد من تعدد الزوجات حتى لا يختل التوازن في المجتمع ، وحتى لا تشيع الفاحشة وتتدهور الأخلاق .

وكذلك الأمر فقد يزداد عدد النساء على الرجال بسبب البلوغ والنضوج المبكرين عند الإناث ، وتأخرهما عند الذكور ، وقد لا يصل الرجال إلى مراحل الزواج إلا وقد بلغ عدد النساء أضعافهم ، والحل الجذري لهذا الأمر ومعالجته هي أن يتزوج الرجل بأكثر من امرأة .

وبذلك نحافظ على نساء المجتمع من السقوط في الرذيلة ، ونصون المجتمع من أي انحراف ، فيكون بذلك مجتمعاً نظيفاً مجتمعاً طاهراً نقياً، لا تشوبه شائبة .

٤- قد تدب المشاكل بين الزوجين بسبب الأقارب أو الأصدقاء أو إهمال أحدهما أو كليهما بأعماله ، وقد تؤدي هذه المشاكل إلى كراهية بين الزوجين ، والزواج من امرأة ثانية قد يكون علاجاً لهذه الكراهية ، إذ قد تفيق المرأة الأولى من عنادها وتبقى على عصمة زوجها بدلاً من الطلاق ، ولذلك تعيش الأسرة في طمأنينة وسكينة وتزيل عن كاهل الزوجين التعب والإرهاق والمعاناة .

ومع ذلك فإن هذه الأسباب الموجبة لتعدد الزوجات ، فإنها جميعاً لا تشكل أي علة شرعية لتعدد الزوجات ولا تُشكل شرطاً في جواز هذا التعدد .

وذلك لأن الأمر يتعلق بتشريع رباني من أحكم الحاكمين من خالق الكون والإنسان والحياة من الله سبحانه وتعالى ، والدليل على ذلك النص القرآني الفريد في قوله تعالى : (فَانْكِحُوا مَا طَابَ لَكُمْ مِنَ النِّسَاءِ مَثْنَى وَثُلَاثَ وَرُبَاعَ )فقد جاء النص عاماً ، غير مُقيد ولا مشروط .

# عمل المرأة في المجتمع

إن أول ما يجب أن يعرفه الناس في هـذا الأمـر هـو أن الحيـاة الاجتماعيـة في الإسلام إنما نعني بها النظام الرباني الذي يقوم على علاقة الرجل بالمرأة ، وما يشتمل عليه من أحكام شرعية متعددة ومتماسكة ، حتى ليأخذ بعضها برقاب بعض ، بحيث لا يمكن طلب التقيد بحكم منها ، وترك التقيد بحكم آخر ، وهذا دلالة ترابط الأحكام ، بحيث يجب على المسلم والمسلمة التقيـد بأحكـام الشـرع جميعها ، وإلا حصـل التناقض في حياة الشخص الواحد .

فالإسلام قد عني في إباحة العمل للمـرأة بـأن تـذهب إلى دائـرة الدولـة التـي تمارس فيها وظيفتها ، أو إلى المستشفى الذي تعمل فيه ممرضة ، دون أن تأخذ زينتها على أتمها ، وأن تكون قد أعدت نفسها بتلك الزينة وكأنها ستزف إلى عريسها ، أو أن تبرز مفاتنها للرجال .

فمثل هذا التبرج الإغرائي يثير الشهوات عند الرجال وتستغل أنوثة المرأة به .

وكذلك لا يعني الإسلام في إباحة العمل للمرأة أن تذهب المرأة إلى المتجر لتباشر البيع بأساليب من التطري والإغراء ، ولا يعني الإسلام في إباحة العمل أن تشتغل المرأة سكرتيرة لمديرها ،أو أمينة سر لصاحب العمل لتختلي به ، كلما احتاج الأمر أو العمل إلى خلوة ، وأن تلبس له من الثياب ما يكشف شعرها وصدرها وظهرها وذراعيها وساقيها، وموضة تقصير الثوب وتضييقه، إنما تزداد غلواً يوماً بعد يوم .

لا وألف لا ،إن كل هذه الأمور لا يبيحها الإسلام ، ولا ينظر إليها لأنها لا تتفق مع وجهة نظره في الحياة، فالإسلام لا يتفق مع ما يحصل في المجتمعات غير الإسلامية ، أو مع المجتمعات التي ظاهرها إسلامي ، بينما تسيطر عليها في الواقع طريقة الغرب في الحياة .

فحين أباح هذا الدين العظيم للمرأة أن تباشر البيع والشراء في الأسواق ، منعها في الوقت نفسه من أن تخرج إليها متبرجة أو سافرة أو مكشوفة الأعضاء التي هي محل الزينة .

وهذا يعني أن الإسلام فرض عليها الأخذ بالحكمين معاً : العمل والحشمة ، فالاعتقاد بالإسلام يحتم على المسلم تطبيق جميع أحكامه على نفسه ويحافظ على تطبيق أحكام الشرع في المجتمع .

ولقد جاء خطاب الشارع للرجل والمرأة على حد سواء للمحافظة على الفضيلة ، والأخلاق وعدم الانزلاق في الآثام والمعاصي .

**ومن تلك الأحكام التي حث الإسلام على التزامها :**

١- لقد أمر الإسلام الرجل والمرأة بتقوى الله عز وجل لنيل رضوانه، قال تعالى في محكم التنزيل: (يَا أَيُّهَا الَّذِينَ آمَنُوا اتَّقُوا اللَّهَ وَقُولُوا قَوْلًا سَدِيدًا)[١] وقال تعالى: (وَاتَّقِينَ اللَّهَ إِنَّ اللَّهَ كَانَ عَلَى كُلِّ شَيْءٍ شَهِيدًا)[٢].

وعندما يتصف المسلم بتقوى الله عز وجل ويخاف عقابه ، ويطمع في جنانه ونيل رضوان ربه ، فإن هذه التقوى تصرفه عن المنكرات ، وتردعه عن ارتكاب المعاصي وتحفظه من الآثام .

فإن هذا هو الرادع الحقيقي الذي ما بعده رادع ، وإذا اتصف المسلم بهذه التقوى ، فقد استعلى بإيمانه وعقيدته عن البشر ، ووصل إلى أعلى صفات الكمال .

٢- لقد أمر الشارع الرجل والمرأة أن يبتعدا عن مواطن الشبهات، وأن يحرصا على ذلك حتى لا يقعا في معصية الله تعالى ، وأن لا يأتيا مواطن السوء ولا يأتيا أي عمل ينظر لهما بعين الاتهام ، وأمرهم كذلك بأن لا يتلبّسا بأي حالة فيها شبهة حتى لا يقعا في الحرام . قال رسول الله صلى الله عليه وسلم : " **إن الحلال بين والحرام بين ، وبينهما مشتبهات لا يعلمهن كثير من الناس ، فمن اتقى الشبهات فقد استبرأ لدينه**

---

(١) سورة الأحزاب آية (٧٠).

(٢) سورة الأحزاب آية (٥٥).

**وعرضه ، ومن وقع في الشبهات وقع في الحرام ، كالراعي يرعى حول الحمى يوشك أن يقع فيه ، ألا وإن لكل ملك حمى ، إلا وإن حمى الله محارمه "**[1].

**ومن الأمور التي تقع فيها الشبهة:**

**أولاً :** أن يشتبه على الشخص أن يقع بالحرام من فعله المباح لمجاورة هذا الفعل للحرام ، أو الظن به من أن يؤدي للحرام ، مثال على ذلك كبيعه عنباً لتاجر يملك معامل خمر .

**ثانياً :** قد يشتبه شخص في الشيء هل هو مباح أم حرام ، أو في الفعل هل هو فرض أم حرام أم مكروه أم مندوب أم مباح؟ ووجود هذه الشبهة في وصف الشيء ،أو في حكم الفعل لا يجيز له أن يقدم عليه حتى يتبين حكم الله تعالى فيه ، بعد ذلك يقدم على العمل مطمئناً إلى ما غلب على ظنه أنه حكم الله تعالى فيه ، سواء أكان ذلك بعد اجتهاد منه أم معرفة حكم الله تعالى فيه ، إما من مجتهد أو من عالم بالحكم الشرعي، ما دام واثقاً من تقواه.

**ثالثاً :** أن يشتبه الشخص بالعمل المباح أنه عمل ممنوع ، فيبتعد عن العمل المباح خشية أن يظن به الناس الظنون وذلك كمن يمر في مكان

---

(١) صحيح مسلم ج٣ رقم ١٥٩٩ باب أخذ الحلال.

مشبوه بالفساد ، فيظن الناس به أنه فاسد؛ فيبتعد عن المباح خشية الوقوع في الشبهات .

فاتقاء العمل لرفع الشبهة هو أن يكون الشيء الذي يشتبه الناس به أنه حرام أو مكروه ، هو بالفعل غير حرام أو مكروه شرعاً ، بل هو في الحقيقة من الأعمال المباحة ، ولكن الناس يظنون أن من قام به قام بعمل محرم .

ففي هذه الحال يتقي الشخص العمل المباح خشية أن يظن الناس به سوءاً .

عن علي بن الحسين ـ رضي الله عنه ـ أن صفية بنت حُيَيّ زوج النبي صلى الله عليه وسلم أخبرته أنها جاءت رسول الله صلى الله عليه وسلم تزوره وهو معتكف في المسجد في العشر الأواخر من رمضان ، فتحدثت عنده ساعة من العشاء ثم قامت تنقلب أي تعود، فقام معها النبي صلى الله عليه وسلم يقبلها ، حتى إذا بلغت باب المسجد الذي عند مسكن أم سلمة زوج النبي صلى الله عليه وسلم مرّ بها رجلان من الأنصار، فسلما على رسول الله صلى الله عليه وسلم ثم نفذا ، فقال لهما رسول الله صلى الله عليه وسلم : على رسلكما إنما هي صفية بنت حُيَيّ ، قالا : سبحان الله يا رسول الله ، وعبر عليهما ما قال : إن الشيطان يجري من ابن آدم مبلغ الدم ، وإني خشيت أن يقذف في قلوبكما .

وبذلك رفع رسول الله صلى الله عليه وسلم الشبهة التي قد تستحوذ على صاحبيه تفسيراً وتنقيباً وتشكيكاً ، وبذلك أزال كل أثر للشبهات مع العلم أن الرسول صلى الله عليه وسلم فوق كل الشبهات أو قد يكون القيام بالعمل مع وجود الشبهة على النحو التالي :

قد يكون الشيء الذي يشتبه به الناس أنه ممنوع وهو في الحقيقة غير ممنوع ، ولكن الشخص خشية أن يقول الناس عنه أنه فعل الممنوع يبتعد عنه ، ومثل هذه الشبهة لا تجيز الابتعاد عن الفعل ، بل على المسلم أن يقوم بهذا الفعل على الوجهة الذي أمر به الشرع ، دون أن يحسب للناس حساباً ، والدليل على ذلك قوله تعالى في محكم التنزيل : (وَتَخْشَى النَّاسَ وَاللَّهُ أَحَقُّ أَنْ تَخْشَاهُ) [1] . فما أمر به الشرع يُفعل ولو خالف أذواق الناس .

**رابعاً:** لقد أمر الإسلام أولئك الذين لم تمكنهم ظروف خاصة من الزواج، أن يتصفوا بالعفة وضبط النفس، قال تعالى في محكم التنزيل : ( وَلْيَسْتَعْفِفِ الَّذِينَ لَا يَجِدُونَ نِكَاحًا حَتَّى يُغْنِيَهُمُ اللَّهُ مِنْ فَضْلِهِ) [2]
وأمرهم أن يصوموا علاجاً لشهوة الجنس حتى يستعينوا بعبادة الصوم على مقاومة هذه الشهوة والتغلب عليها ، وأمرهم أن

---

(١) سورة الأحزاب (٣٧).
(٢) سورة النور آية (٣٣).

يتزودوا بالطاعات والتقرب إلى الله في السراء والضراء،وبذلك يتغلبوا على الشهوات وتزداد نفوسهم سمواً وعلواً .

قال رسول الله صلى الله عليه وسلم : ( **يا معشر الشباب من استطاع منكم الباءة فليتزوج فإنه أغض للبصر وأحصن للفرج ، ومن لم يستطع فعليه بالصوم ، فإنه له وجاء** )(١)؛ أي وقاية .

**خامساً :** لقد حث الإسلام على الزواج المبكر حتى يحافظ على صلاح المجتمع ،وحتى يصون الشهوة الجنسية عند فورانها ، ويشبع بها الميل الجنسي من بداية ظهوره ، قال عليه الصلاة والسلام : " **يا معشر الشباب من استطاع منكم الباءة فليتزوج** " ، ولقد سهل الإسلام أمر الزواج بأن حض على تقليل المهور وتسهيلها ، قال عليه الصلاة والسلام : " **أقلكن صداقاً أكثركن بركة** " .

**سادساً :** لقد أمر الإسلام النساء بالحشمة وبارتداء اللباس الكامل في الحياة العامة ، وجعل الحياة الخاصة لهن مقصورة على النساء وعلى المحارم ، قال تعالى في محكم التنزيل :( وَلْيَضْرِبْنَ بِخُمُرِهِنَّ عَلَى جُيُوبِهِنَّ )(٢)

---

(١) صحيح مسلم ج٢ كتاب النكاح رقم ١٤٠٠ .
(٢) سورة النور آية (٣١).

يعني يلوين أغطية رؤوسهن على أعناقهن وصدورهن ، ليخفين ما يظهر من طوق القميص وطوق الثوب من العنق والصدر

وقوله تعالى : (يُدْنِينَ عَلَيْهِنَّ مِنْ جَلَابِيبِهِنَّ )؛ أي بمعنى يرخين عليهن أثوابهن التي يلبسنها فوق الثياب للخروج من ملاءة غيرها ، يرخينها إلى أسفل .

والمرأة حين تلبس لباسها الكامل فتضرب بخمارها على جيبها أي تلوي غطاء رأسها على عنقها وصدرها ، وحين ترخي ملاءتها إلى أسفل كي تستر جميع جسدها حتى قدميها ، تكون بذلك قد لبست لباسها الكامل وظهرت عليها الحشمة .

وكون الخمار يلوى على العنق والصدر لا على الوجه ، وكون اليدين لم يرد نص شرعي بتغطيتهما ، وكون الوجه والكفين وهما محل الزينة أصبح الأمر واضحاً بحل ظهورهما لقوله تعالى في محكم التنزيل : (وَلَا يُبْدِينَ زِينَتَهُنَّ إِلَّا مَا ظَهَرَ) ، أي لا يظهرهن من أعضائهن التي هي محل الزينة إلا الوجه والكفين .

ولهذا البيان الواضح يتبين لنا ما هو لباس المرأة المسلمة في الحياة العامة وما أمرها الله سبحانه وتعالى أن تُظهر أمام الناس وأمام الجماعة وما هو اللباس الكامل الذي يمكنها من مباشرة أعمالها ، مع الاحتفاظ

بالحشمة والوقار والاتزان الذي يرفع من شأن المرأة المسلمة ويجعلها عبرة لنساء البشر .

هذا بالنسبة للأحكام الشرعية التي أمر بها الإسلام في حال مزاولة المرأة المسلمة لأعمالها ، أما الأحكام الشرعية التي تنهى المرأة عن القيام بها في حال مزاولة أعمالها في الحياة العامة هي ما يلي :

١- منع الإسلام المرأة من التبرج ونهى عنه ، قال تعالى في محكم التنزيل : (وَالْقَوَاعِدُ مِنَ النِّسَاءِ اللَّاتِي لَا يَرْجُونَ نِكَاحًا فَلَيْسَ عَلَيْهِنَّ جُنَاحٌ أَنْ يَضَعْنَ ثِيَابَهُنَّ غَيْرَ مُتَبَرِّجَاتٍ بِزِينَةٍ)[١]

فإذا كان الله سبحانه وتعالى قد نهى القواعد من النساء من التبرج ، فإن غيرهن من النساء منهيات عنه من باب أولى ، قال تعالى : ( وَلَا يَضْرِبْنَ بِأَرْجُلِهِنَّ لِيُعْلَمَ مَا يُخْفِينَ مِنْ زِينَتِهِنَّ)[٢].

فإن هذا يعتبر تبرج ، وإن الضرب الأرجل يجعل الخلاخل تتحرك ويُسْمَعُ رنينها الذي يلفت النظر ويحرك الغرائز الحيوانية .

والتبرج هو إظهار الزينة وإظهار المحاسن للأجانب بشكل مُلفت للنظر ، والواقع الذي نراه الآن في المجتمعات يدعو إلى الريب ، فلقد أصبح التبرج يدعو إلى إذكاء العواطف وإثارة غريزة النوع

---

(١) سورة النور آية (٦٠). (٢) سورة النور آية (٣١).

التي توجد الإثارة الجنسية بين الرجل والمرأة ، وهو بذلك يدعو إلى تحرش الرجل بالمرأة والمرأة بالرجل على حد سواء ، ويجعل الصلة بينهما صلة جنسية ، ويفسد التعاون بينهما إفساداً ويكونون بذلك معول هدم للمجتمع .

وما يكون للحياة أن تُملأ إلا بالتبعات الجسام والأمور العظام، بحيث تُصرف القدرات إلى إشباع جوعات الجسد بما يُثيره التبرج من هذه الجوعات ، ويحول بسببها بين المسلم رجلاً كان أو امرأة وبين أداء رسالته في الحياة , وهي حمل الدعوة الإسلامية ، والجهاد في سبيل إعلاء كلمة الله تعالى .

ولهذا كان لا بد من تقدير خطر التبرج على الحياة الإسلامية وعلى المجتمع برمته .

٢- لقد منع الإسلام كلاً من الرجل والمرأة من الخلوة ، والخلوة هي أن يجتمع الرجل والمرأة في مكان لا يُمكن لأحد من الوصول إليه إلا بإذنهما ، كأن يكون في بيت ، أو في خلاء بعيد عن الناس أو في مكتب مغلق ، وبما أن هذا الأمر به إفساد للمجتمع وإفساد للعلاقات بين الرجل والمرأة ، فقد نهى عنه الإسلام ، ومنعه منعاً باتاً ، قال رسول لله صلى الله عليه وسلم : **" لا يخلونَّ رجل بامرأة ، فإن ثالثهما الشيطان "** .

٣- لقد منع الإسلام كلاً من الرجل والمرأة من مباشرة أي عمل فيه خطر على أخلاق أو فساد للجماعة والمجتمع ، فلقد منع المرأة من الاشتغال في كل عمل يُقصد منه استغلال أنوثتها ، عن رافع بن رفاعة قال : نهانا رسول الله صلى الله عليه وسلم عن كسب الأَمة إلا ما عملت بيديها ، مشيراً بأصابعه نحو الخبز والغزل والنقش .

لذلك تُمنع المرأة من العمل في المتاجر لجلب الزبائن أو العمل في السفارات والقنصليات والمكاتب بقصد الاستعانة بأنوثتها للوصول إلى أهداف سياسية ، أو تشتغل مضيفة في طائرة بسبب جمالها أو مواهبها في التعامل مع الركاب بالترفيه عنهم بكلام جذاب ، فلا يجوز أن تستخدم المرأة المسلمة بقصد استغلال أنوثتها أو جمالها.

٤- لقد نهى الإسلام عن قذف المحصنات ، أي اتهامهن بالزنى، قال تعالى في محكم التنزيل : ( وَالَّذِينَ يَرْمُونَ الْمُحْصَنَاتِ ثُمَّ لَمْ يَأْتُوا بِأَرْبَعَةِ شُهَدَاءَ فَاجْلِدُوهُمْ ثَمَانِينَ جَلْدَةً وَلَا تَقْبَلُوا لَهُمْ شَهَادَةً أَبَدًا وَأُولَئِكَ هُمُ الْفَاسِقُونَ)(١)

وقال الله تعالى : ( إِنَّ الَّذِينَ يَرْمُونَ الْمُحْصَنَاتِ الْغَافِلَاتِ الْمُؤْمِنَاتِ لُعِنُوا فِي الدُّنْيَا وَالْآخِرَةِ وَلَهُمْ عَذَابٌ عَظِيمٌ)(٢).

---

(١) سورة النور آية (٤) .
(٢) سورة النور آية (٢٣) .

وقال رسول الله صلى الله عليه وسلم:" اجتنبوا السبع الموبقات ، قالوا : وما هن يا رسول الله ، قال : الشرك بالله والسحر وأكـل مـال اليتيم والتولي يـوم الزحـف وقذف المحصنات المؤمنات الغافلات " ، والمقصود بالمحصنات العفائف .

وبذلك يُسكت الشرع الألسن التي اعتادت أن تتحرك بالسوء من القول وتلغـو في أعراض الناس بالباطل ، وحتى لا يشيع الاتهام الباطل بين الناس ويحافظ على حياة المجتمع من كل سوء .

وبهذا البحث يمكن أن يتصور الإنسان واقع العلاقة بين المرأة المسلمة والمجتمع ، ويمكنه أن يرى أن قيام المرأة في الحياة العامة بالأعمال التي أباحها الشرع ، لا ينتج عنه أي فساد ، بل هو ضروري لرقي الجماعة والمجتمع .

وعلى ذلك فلا بد للمسلمين من أن يتقيدوا بأحكام الشرع سواء أكانوا في دار إسلام أم في دار كفر ، سواء أكانوا في بلاد إسلامية أم في بلاد غير إسلامية .

## المحرمات من النساء

يشترط في صحة العقد بين الرجل والمرأة خلو المرأة من الموانع ، سواء كان التحريم مؤبداً أو كان التحريم مؤقتاً .

**والتحريم المؤبد هو** : الذي يمنع المرأة أن تكون زوجة للرجل في كل الأحوال والأوقات .

**أما التحريم المؤقت فهو** : الذي يمنع المرأة من التزوج ما دامت على حالة خاصة بها ، فإذا تغيّر الحال وزال التحريم الوقتي أصبحت حلالاً من حق الرجل أن يتزوج بها .

أما التحريم المؤبد وسبب تحريمه ، فهو النسب والمصاهرة والرضاع وهو سبعة أصناف ، ومنها ما يوجب التحريم المؤبد ، والتحريم المؤقت وهم عشرة أصناف ذكرها الله سبحانه وتعالى في محكم التنزيل في قوله تعالى : ( حُرِّمَتْ عَلَيْكُمْ أُمَّهَاتُكُمْ وَبَنَاتُكُمْ وَأَخَوَاتُكُمْ وَعَمَّاتُكُمْ وَخَالَاتُكُمْ وَبَنَاتُ الْأَخِ وَبَنَاتُ الْأُخْتِ وَأُمَّهَاتُكُمُ اللَّاتِي أَرْضَعْنَكُمْ وَأَخَوَاتُكُمْ مِنَ الرَّضَاعَةِ وَأُمَّهَاتُ نِسَائِكُمْ وَرَبَائِبُكُمُ اللَّاتِي فِي حُجُورِكُمْ مِنْ نِسَائِكُمُ اللَّاتِي دَخَلْتُمْ بِهِنَّ فَإِنْ لَمْ تَكُونُوا دَخَلْتُمْ بِهِنَّ فَلَا جُنَاحَ عَلَيْكُمْ

وَحَلَائِلُ أَبْنَائِكُمُ الَّذِينَ مِنْ أَصْلَابِكُمْ وَأَنْ تَجْمَعُوا بَيْنَ الْأُخْتَيْنِ إِلَّا مَا قَدْ سَلَفَ) [1].

ولقد اتفق جميع الأئمة على أن النساء اللاتي يُحرمن بسبب النسب سبعة أصناف :

١- **الأم** : وتشمل الجدات لأب كن أو لأم

٢- **الأخوات** :لابن أو لأم أو لكليهما .

٣- **البنات** : وتشمل بنات الابن والبنت وإن نزلن .

٤- **الخالات** : وتشمل خالات الآباء والأجداد .

٥- **العمات** : وتشمل عمات الآباء والأجداد .

٦- **بنات الأخ** وإن نزلن .

٧- **بنات الأخت** وإن نزلن .

ولقد أجمع الأئمة على أن زوجة الأب تحرم على الابن بمجرد العقد ، سواء أدخل الأب أم لم يدخل ، لقوله تعالى : (وَلَا تَنْكِحُوا مَا نَكَحَ آبَاؤُكُمْ مِنَ النِّسَاءِ) [2]

---

(١) سورة النساء آية (٢٣).
(٢) سورة النساء آية (٢٢).

وكذلك تحرم زوجة الابن على الأب وإن علا لمجرد العقد ، لقوله تعالى : ( وَحَلَائِلُ أَبْنَائِكُمُ الَّذِينَ مِنْ أَصْلَابِكُمْ)(١) والحلائل جمع حليلة وهي الزوجة ، والحليل هو الزوج .

وكذلك فإن أم الزوجة تحرم بمجرد العقد على البنت ،وإن لم يدخل بها ، لقوله تعالى :( وَأُمَّهَاتُ نِسَائِكُمْ )(٢).

وكذلك يحرم الجمع بين الأختين ، سواء أكانتا من نسب أو رضاع ، من أبوين كانتا أو من أب وأم ، سواء أكان ما قبل الدخول أو ما بعد الدخول، وكذلك يحرم الجمع بين المرأة وعمتها ، وبين المرأة وخالتها ، وذلك لما رواه أبو هريرة ـ **رضي الله عنه** ـ عن رسول الله صلى الله عليه وسلم : "**لا يجمع الرجل بين المرأة وعمتها، ولا بين المرأة وخالتها** ".

وكذلك ما رواه أبو داوود في صحيحه : "**لا تنكح المرأة على عمتها ، ولا العمة على بنت أخيها ، ولا المرأة على خالتها ، ولا الخالة على بنت أختها ، لا تنكح الكبرى على الصغرى ولا الصغرى على الكبرى**" .

وكذلك يحرم من الرضاع ما يحرم من النسب ، فأيما امرأة حرمت من النسب حرمت مثلها من الرضاع ، وهن الأمهات والبنات ، والأخوات والعمات والخالات وبنات الأخ وبنات الأخت ، لقول الرسول صلى الله عليه وسلم : "**يحرم من الرضاع ما يحرم من النسب**" ، وفي رواية مسلم : "**الرضاع يُحرم ما تحرم الولادة**" .

.(١) سورة النساء آية (٢٣) (٢) سورة النساء آية (٢٣)

# واقع الطلاق في الإسلام

إن الأصل في الشرع الإسلامي ، الزواج لا الطلاق ، حيث إنه ما مـن شيء أحـب إلى الله تعالى من بيت يعمر بالزواج ، وما من شيء أبغض إليه سبحانه من بيت يخرب بالطلاق .

والطلاق حـلال ومشـروع في الإسلام ، ولكنـه أبغـض الحـلال إلى الله ، وهـذه القاعدة الأساسية التي ينطلق منها المسلم ، ويبني عـلى أساسـها حياتـه الاجتماعيـة ، فعلى المسلم أن يختار بين أمر أحب إلى الله سبحانه وتعالى ، الخالق المدبر لهذا الكون ، وهو سبحانه أعرف بالنفوس وتركيبتها ، وبين أمر هو أبغض إلى الله عز وجل .

وإنه من دواعي استمرار الحياة البشرية وعمارة الأرض إنما يقوم عـلى اسـتقرار الحياة الزوجية ، ومن أجل ذلك لم يكن عقد الـزواج لينعقد إلا لـدوام العلاقة بـين الزوجين ، فيعملان جاهدين ليجعلا من بيتهما مهداً للراحة والطمأنينـة يأويـان إليـه ، وينعمان في أجوائه بظلال السعادة والسكينة .

ولكي يتمكنا بتماسكهما ، وجهدهما المتواصل من تنشئة أولادهما تنشئة صالحة تكون الأساس للحياة الإنسانية الطيبة ، ومن أجل هذا كانت الصلة بين الزوجين من أوثق الروابط الإنسانية وأطهرها وأقواها في بناء الإنسان ورقيه وسموه .

ولقد جعل الله الزواج في الإسلام لا ينعقد إلا بميثاق ، قال تعالى في محكم التنزيل : (وَأَخَذْنَ مِنكُم مِّيثَاقًا غَلِيظًا)[1]، والميثاق الغليظ هو العهد المتين الذي يؤخذ على الزوج في حال العقد .

ولقد بين الرسول الكريم صلى الله عليه وسلم أهمية عقد الزواج ، قال صلى الله عليه وسلم : **" أخذتموهن بأمانة الله واستحللتم فروجهن بكلمة الله "**[2].

ولقد بين الإسلام أن الإخلال بعقد الزواج أو التهوين من قدره بأنه يوهن من الرباط المقدس ، ويضعف من أمر هذه الصلة المتينة .

فإن من يُقدم على ذلك فقد فكك عُرى الأسرة ،وأوجد الكراهية بين أبناء المجتمع الواحد لقول الرسول صلى الله عليه وسلم : **( أبغض الحلال إلى الله الطلاق)**[3]، وقوله صلى الله عليه وسلم : **"ما أحل الله شيئاً أبغض إليه من الطلاق "**[4].

---

(١) سورة النساء آية (٢١).
(٢) مجمع البنيان للطبري في تفسير الآية ٢١ من سورة النساء.
(٣) رواه ابن ماجه وأبو داوود..
(٤) رواه أبو داوود.

وإن كل امرئ يعمل على الإفساد بين الـزوجين ليفـرق بيـنهما ، فهـو مفسـد في الأرض لا يحضى بشرف الانتساب لهذا الـدين القـويم ، وذلـك لقـول الرسـول صـلى الله عليه وسلم : " **وليس منا من خبّب (أفسد) امرأة على زوجها** "[1].

من أجل ذلك ومن أجل الحفاظ على ديمومة الحياة الزوجية السعيدة ، فقد شرع الإسلام طرقاً ودية لحل ما ينشأ من نزاع بين الزوجين ، فأعطى المجال دائماً للصلح بينهما ، بدءاً من الحالة التي تخاف المرأة فيها ابتعاد زوجها أو إعراضه عنها ، قال تعالى : ﴿ وَإِنِ امْرَأَةٌ خَافَتْ مِنْ بَعْلِهَا نُشُوزًا أَوْ إِعْرَاضًا فَلَا جُنَاحَ عَلَيْهِمَا أَنْ يُصْلِحَا بَيْنَهُمَا صُلْحًا وَالصُّلْحُ خَيْرٌ ﴾[2].

وكذلك فإن الله سبحانه وتعالى قد أمر الرجال باللجوء إلى الوسائل التي يعالجون بها حدة نشوز النساء ، وذلك عن طريق الوعظ والإرشاد والمعاملة الحسنة ، أو هجرهن في المضاجع ، أو ضربهن ضرباً غير مبرح ، وإرسال حَكَمٍ من أهله وحَكَمٍ من أهلها للإصلاح بينهما، أو باتباع أساليب مبدعة توفق بين الطرفين ،وتنقذ زواجهما من الخطر والتدهور ، قال تعالى: ﴿وَاللَّاتِي تَخَافُونَ نُشُوزَهُنَّ فَعِظُوهُنَّ وَاهْجُرُوهُنَّ

---

(١) رواه النسائي وأبو داوود.
(٢) سورة النساء آية (١٢٨) .

فِي الْمَضَاجِعِ وَاضْرِبُوهُنَّ فَإِنْ أَطَعْنَكُمْ فَلَا تَبْغُوا عَلَيْهِنَّ سَبِيلًا إِنَّ اللَّهَ كَانَ عَلِيًّا كَبِيرًا)[١]

ومن هذا السياق القرآني الفريد يتبين لنا ما يلي : بأن الذين يخافون من نسائهم العصيان والنشوز فقد أمرهم الله سبحانه وتعالى بأن يعظوهن بالقول الحسن ، وأخذهم بالروية وتذكيرهم بالأيام الجميلة وبإرشادهم ما استطاعوا إلى ذلك سبيلاً ، حتى يردوهن عن عصيانهن ، وإذا لم تفلح وسائل الوعظ والإرشاد ، فللرجال أن يهجروهن في المضاجع ، وألاّ يقربوهن في الفراش ، لعل المرأة تعود إلى طاعة زوجها ، فإذا لم ترجع الزوجة عن غيها وتعود إلى طاعة زوجها وأصرّت على مخالفة أمره ، وإثارة الشقاق والنزاع فللزوج أن يضربها .

والضرب المباح هو الضرب غير المبرّح ، الذي لا يؤدي إلى جرحها أو كسر عظمها، أي ضرب تأديب ، فإذا عادت المرأة إلى طاعة زوجها واستقام أمرها فلا يجور عليها أو يظلمها .

أما إذا اشتد النزاع بين الزوجين ، ولم يستطيعوا توفيق وجهات النظر بينهما أو التفاهم ، فإن الطريقة المثلى هي دخول أهل الصلح بينهما حَكَمٍ من أهله وحَكَمٍ من أهلها ، لقوله تعالى في محكم التنزيل:

---

(١) سورة النساء آية (٣٤).

﴿وَإِنْ خِفْتُمْ شِقَاقَ بَيْنِهِمَا فَابْعَثُوا حَكَمًا مِنْ أَهْلِهِ وَحَكَمًا مِنْ أَهْلِهَا إِنْ يُرِيدَا إِصْلَاحًا يُوَفِّقِ اللَّهُ بَيْنَهُمَا إِنَّ اللَّهَ كَانَ عَلِيمًا خَبِيرًا﴾[1] .

فإذا لم يستطع الحكمان بعد بذل الجهد الكبير في التوفيق بينهما ، وإصلاح ذات البين ، فحينئذ لا مجال لاستمرار الحياة الزوجية ، وكان الطلاق هو الحل الأخير بعد كل محاولات التوفيق والإصلاح التي بذلت من قبل الحكمين .

قال تعالى في محكم التنزيل : ﴿ وَإِنْ يَتَفَرَّقَا يُغْنِ اللَّهُ كُلًّا مِنْ سَعَتِهِ وَكَانَ اللَّهُ وَاسِعًا حَكِيمًا﴾[2].

وهذا يعني التفريق بين الزوجين بالطلاق ، ولقد جعل الإسلام الطلاق بيد الرجل أي بيد الزوج ، لا بيد الزوجة ، وذلك لأن قيادة الأسرة أعطيت للزوج ، فهو صاحب القوامة عليها .

فإن الزوج هو الذي يدفع المهر وينفق على الأسرة ، وهو الذي يتحمل الأعباء المالية ، وهو المسؤول عن الأولاد ويعيشون تحت كنفه وهو الذي يدفع المهر المؤجل للمرأة ، وهو القيم على الحياة الزوجية بكل ما تحمل من أعباء .

---

(١) سورة النساء آية (٣٥).
(٢) سورة النساء آية (١٣٠).

قال تعالى : ( الرِّجَالُ قَوَّامُونَ عَلَى النِّسَاءِ بِمَا فَضَّلَ اللَّهُ بَعْضَهُمْ عَلَى بَعْضٍ وَبِمَا أَنْفَقُوا مِنْ أَمْوَالِهِمْ )[1].

وكذلك الحفاظ على الزواج ، واتقاء المخاطر التـي مـن شـأنها أن تنهيـه ، فـإن المرأة غالباً ما تتحكم بها العواطف والمشاعر والميول والأهواء مما يجعل العقل عندها غير متزن .

أما الرجل فغالباً مـا يسيطر عقله عـلى عاطفتـه ، ولذلك كـان الطـلاق بيـد الرجل .

ومع ذلك يجوز للمرأة أن تطلق نفسها من زوجها في الحالات التالية :

١- إذا جعل الزوج أمر طلاقها بيدها ، فتقول طلقت نفسي من فلان ، ولا تقول طلقتك لأن الطلاق على المرأة لا على الرجل .

٢- إذا علمت المرأة أن زوجها به عنّة أو خصاء ، وكانت المرأة سالمة ، ففي هذه الحالـة تطلب فسخ نكاحها .

٣- إذا علمت الزوجة أن زوجها يعاني من مرض من الأمراض المستعصية ، كالجـذام أو البرص أو الزهري أو الإيدز وغيرها ، فلها أن تصبر عليه ولها أن تفارق .

٤- إذا جُنّ الزوج فلها أن تصبر عليه ولها أن تفارق وذلك لقول الرسول

---

(١) سورة النساء آية (٣٤).

صلى الله عليه وسلم : " أيما رجل تزوج امرأة وبه جنـون أو ضرر فإنهـا تخير فـإن شاءت صبرت وإن شاءت فارقت" .

٥- إذا سافر الزوج وانقطعت أخباره وتعذر على الزوجة النفقة فلها أن تطلب التفريق بعد بذل الجهد في البحث عنه ، لقول الرسول صلى الله عليه وسلم : " الزوجة تقول لزوجها أطعمني وإلا فارقني " .

٦- إذا امتنع الزوج من الإنفاق على زوجته وهو موسر ، وتعند عليها الوصول إلى ماله ، فإن لها أن تطلب الطلاق لقوله صلى الله عليه وسلم : " امرأتك ممن تعول تقول أطعمني وإلا فارقني " .

هذه هي الأحكام الشرعيـة المتعلقـة بموضوع الطلاق ، والتي تُظهـر مـا في هـذه الأحكام من الحكمة وبعد النظر إلى الحياة الاجتماعية ، وليتحقق لهـا الاستقرار والعيش الهانئ .

فإذا خيمت على الحياة الزوجية أجواء الشقاء والتعاسة والكراهيـة، ولم يبقَ أمـل في إصلاح ذات البين ، فكان لا بد من انفصالهما عن بعضهما، وتهدأ بذلك النفوس .

أما ما نراه اليوم ، فإن العالم يتلظى بنار الطلاق ، سواء في البلاد الإسلامية ، أم في المجتمعات الأخرى التي تركت الأمور على علاّتها في علاقة الرجل والمرأة ، فتحللت النـاس مـن الأخـلاق ، ولجـؤوا إلى المعـاشرة غـير الشرعيـة ، التي استباحـت الحـرام ، وقوضت مفاهيم الزواج الشرعي، فأصبح أمر الطلاق سهل المنال ، وتلجأ إليه المرأة كما يلجـأ إليـه الرجل على حد سواء .

# الخلـــــع

**والخلع لغة** : النزع والإزالة ،وفي المصطلح الشرعي ، هو إبانة الزوجة على مـال تفتدي به نفسها من الزوج .

وهو أن تبذل المرأة للرجل على أن يطلقها ، أو تُسقط عنه حقاً من حقوقها لها عليه فتقع به طلقة بائنة بينونة كبرى .

**ودليل ذلك من الكتاب والسنة :**

أما **الكتاب** لقوله تعالى في محكم التنزيل : (فَلَا جُنَاحَ عَلَيْهِمَا فِيمَا افْتَدَتْ بِهِ) [1]

وأما **السنة** ، فحديث ابن عباس رضي الله عنه : أن امرأة ثابت ابن قيس جاءت لرسول الله صلى الله عليه وسلم فقالت : يا رسول الله إني لا أعيب عليه مـن خلـق ولا دين ،ولكني أكره الكفر في الإسلام ، فقال رسول الله صـلى الله عليـه وسـلم : **"أتـردين عليه حديقته ؟ قالت : نعم ، فقال رسول الله صلى الله عليه وسلم : اقبـل الحديقـة ، وطلقها تطليقة"**[2].

---

(١) سورة البقرة آية (٢٢٩).

( ٢) رواه البخاري والنسائي نيل الأوطار ج ٦ ص ٢٤٦.

يعني الحديث أنها لا تريد مفارقته لسوء في خلقه ، ولا لنقصان في دينه ، وإنما كرهت كفران العشير ، والتقصير فيما يجب له عليها من حقوق الزوجية ، وذلك بسبب شدة البغض له فخافت أن يكون ذلك بمثابة كُفر لحقوق الزوج ، فأمرها النبي صلى الله عليه وسلم برد حديقته التي هي مهرها .

قد اتفق الأئمة الأربعة على أن الطلاق الخُلع جائز ، والله أعلم .

# الأنســـــاب

لقد شاءت إرادة الله سبحانه وتعـالى واقتضـت حكمتـه أن تكـون الأنثـى هـي محل الحمل والولادة في تلك الحياة البشرية التي نحيا .

بل وفي كل عصر يجتمع فيه ذكر وأنثى، حيث أودع الله سبحانه وتعالى في المخلوقات الحية الأنظمة التي تتوالد فيها بالدقة والعناية اللتين تستلزمهما نشأة تلك المخلوقات ، لقوله تعالى في محكم التنزيل: ( سُبْحَانَ الَّذِي خَلَقَ الْأَزْوَاجَ كُلَّهَا مِمَّا تُنْبِتُ الْأَرْضُ وَمِنْ أَنْفُسِهِمْ وَمِمَّا لَا يَعْلَمُونَ)[1]

وإنه لما كانت المرأة هي محل الحمل والولادة في النوع البشـري ، فقـد أوجـب الإسلام ألا تكون المرأة إلا لرجل واحد فقط ، منعت من أن يكون لهـا أكـثر مـن زوج ، وقد حُرم عليها ذلك حتى يمكن كل شخص أن يعرف من ينتسب إليـه في الأبـوة ، فـلا يضيع نسبه .

---

(١) سورة يس آية (٣٦).

ودفعاً لما يترتب على ذلك من آثار سلبية ، نشاهد الكثير منها اليوم كما تشهد عليها القرون المنصرمة . حيث أدت معاشرة المرأة لأكثر من رجل إلى ضياع أبوة الأبناء واضطرار الأم إلى ادّعاء نسبتهم إلى شخص معين ، أو الاكتفاء بانتسابهم إليها .

ولذلك كان اهتمام الإسلام ورعايته لإثبات الأنساب ،وتبيان الأحكام المتعلقة بالموضوع بدقة متناهية .

**مدة الحمل:**

لقد اتفق جميع الأئمة على أن أقل مدة للحمل هي ستة أشهر لقوله تعالى في محكم التنزيل :﴿ وَحَمْلُهُ وَفِصَالُهُ ثَلَاثُونَ شَهْرًا﴾[1]

والمقصود بالفصال : الرضاع.

ولقد ذكر الله تعالى مدة الرضاع في عامين لقوله تعالى: ﴿وَفِصَالُهُ فِي عَامَيْنِ﴾[2]

ونتبين من ذكر هاتين الآيتين أن مدة الحمل والرضاع ثلاثون شهراً ، فإذا أسقطنا منها مدة الرضاع عامين ، أي أربعة وعشرين شهراً ، بقيت مدة ستة أشهر ، وهي أقل مدة للحمل .

---

(١) سورة الأحقاف آية (١٥).
(٢) سورة لقمان آية (١٤).

ولقد أثبتت الأبحاث الطبية أن المولود الذي تضعه أمه بعد حمل ستة أشهر قابل للحياة ، شأنه شأن أي مولود آخر يولد بعد حمل تسعة أشهر .

أما فيما يتعلق بأقصى- مدة للحمل فقد أختلف الفقهاء وتباينت آرائهم ، فمنهم من قال سنتان ومنهم من قال أربع ومنهم من قال سنة واحدة ، وقال أكثرهم تسعة أشهر ، وقال بعضهم عشرة .

إلا أنهم أجمعوا كلهم على ألا تزيد عن السنة ، فإن طلقها الزوج أو مات عنها ، ثم ولدت بعد سنة بساعة لم ينسب للمطلق أو المتوفى .

أما ذلك الوقت ، أي في خلال السنة ، ولم يتجاوز ، نُسب الولد للمطلق أو المتوفى .

**شبهة الوطء :**

هو الوطء الذي يحصل بطريق الخطأ من غير قصد ، ومن غير زنى، ولا يكون بين الرجل والأنثى عقد زواج صحيح أو فاسد .

مثال ذلك ، لو أن رجلاً وجد امرأة نائمة في فراشه ، فظنها زوجته فوطئِها ، فإذا حملت من هذا الرجل وولدت طفلاً فإلى من يُنسب .

قال بعض الفقهاء : إن النسب لا يثبت بأي نوع من أنوع الشبهة ، إلا إذا ادّعى المشتبه الولد له ، لأنه أعلم بنفسه ، وقال البعض الآخر :

يثبت النسب الشرعي بكل ما تتحقق به الشبهة ، ولو نفى الرجل المشتبه الولد ، فإنه لا ينتفي عنه بحال ، بل يلزم به قهراً .

والرأي الصواب في هذا الأمر ، أن أصول التشريع عند جميع الأئمة تستدعي عدم جواز الحكم على إنسان تولّد من ماء إنسان أنه ابن زنى ، متى أمكن حمله على أنه ابن شبهة ، فإذا توفر للقاضي تسع وتسعون حيثية على أنه ابن زنى ، وتوفرت له حيثية واحدة بأنه ابن شبهة ، وجب الأخذ بهذه الحيثية ، وترك ما عداها ترجيحاً للحلال على الحرام ، لقوله تعالى في محكم التنزيل : ( يَا أَيُّهَا الَّذِينَ آمَنُوا اجْتَنِبُوا كَثِيرًا مِنَ الظَّنِّ إِنَّ بَعْضَ الظَّنِّ إِثْمٌ )[1]. ولقول رسول الله صلى الله عليه وسلم : ( الحدود تُدرأ بالشبهات ، دع ما يريبك إلى ما لا يريبك.

**اللقيــط :**

اللقيط هو الطفل الذي لا يُعرف نسبه ، ولا يستطيع أن يجلب لنفسه نفعاً ، ولا أن يدفع عنها ضراً ، فوجده إنسان فضمّه إليه ، وصار مكفولاً كسائر عياله .

وقد اتفق الأئمة على أن لا توارث بين اللقيط والملتقط ، وأنه عمل إنساني ، وأنه خير وإحسان ، وهو تعاون على البر والتقوى .

---

(١) سورة الحجرات آية (١٢)

فمثال هذا الأمر كمثل إنسان وهب آخر مالاً تقرباً إلى الله سبحانه وتعالى ، فجعله غنياً بعد فقر ، وعزيزاً بعد ذل .

**التبنـــي :**

هو أن يقصد إنسان ولداً معروف النسب ، فينسبه إلى نفسه ويصبح كواحد من أبنائه ، وهذا التبنيي غير جائز شرعاً ، ولقد اتفق الأئمة على أن التبني لا يعتبر سبباً من أسباب الإرث ، ولا يغير من الواقع شيئاً ، ولا يعتبر ابناً بمقياس الشرع .

وخير دليل على ذلك ما ذكره المفسرون في قصة تبني زيد ابن حارثة ، إذ سبي في الجاهلية ، فاشتراه رسول الله صلى الله عليه وسلم ، وبعد الإسلام جاء حارثة ، والد زيد إلى مكة ، وطلب من الرسول صلى الله عليه وسلم أن يبيعه ابنه زيداً ، أو يُعتقه ، فقال رسول الله صلى الله عليه وسلم : هو حُر لوجه الله تعالى ، فليذهب حيث يشاء .

ولكن زيداً بعد عتقه أبى أن يفارق رسول الله صلى الله عليه وسلم ، فغضب أبوه حارثة وقال : يا معشر قريش اشهدوا أن زيداً ليس ابني ، فقال رسول الله صلى الله عليه وسلم : اشهدوا أن زيداً هو ابني ، فصار من يومها يدعى زيد بن محمد .

ولكن الله سبحانه وتعالى أنزل قرآناً يتلى على قلب سيد البشر محمد صلى الله عليه وسلم . قال تعالى : ﴿وَمَا جَعَلَ أَزْوَاجَكُمُ اللَّائِي تُظَاهِرُونَ مِنْهُنَّ أُمَّهَاتِكُمْ وَمَا

جَعَلَ أَدْعِيَاءَكُمْ أَبْنَاءَكُمْ ذَلِكُمْ قَوْلُكُمْ بِأَفْوَاهِكُمْ وَاللَّهُ يَقُولُ الْحَقَّ وَهُوَ يَهْدِي السَّبِيلَ(٤) ادْعُوهُمْ لِآبَائِهِمْ هُوَ أَقْسَطُ عِنْدَ اللَّهِ فَإِنْ لَمْ تَعْلَمُوا آبَاءَهُمْ فَإِخْوَانُكُمْ فِي الدِّينِ وَمَوَالِيكُمْ)[1] .

**الرضاع ومدته وأجره :**

والرضاع المعتبر ، هو أن يرضع المولود من لبن أمه ، لأنه الأكثر ملاءمة لنفسه ، والأنسب موافقة لصحته وقوته ، وذلك لأن غذاء الطفل وهو في بطن أمه لا يكون لبن يرضع منه المولود أعظم بركة وأكثر نفعاً من لبن أمه .

ولم لا وقد أودع الله سبحانه وتعالى في الأم هذه الخاصية فهي التي تروي الطفل لبناً سائغاً ، وذلك مما تأكل من طيبات ما رزقها الله ، وأفاض عليها من نعمائه .

إنها والله لمعجزة إلهية لبناء حياة الطفل مدة عامين كاملين ، يشتد خلالها بناء لحمه وعظمه ، فيقوى جسده ، فيمشي ويتحرك ، ويتلقى المعلومات ويتعلم الكلمات وتتوسع أمامه الآفاق في المعرفة والعلم .

ولقد حدد الشارع المدة التي يجب أن يرضع فيها المولود بحولين كاملين لقوله تعالى في محكم التنزيل : ( وَالْوَالِدَاتُ يُرْضِعْنَ أَوْلَادَهُنَّ حَوْلَيْنِ

---

(١) سورة الأحزاب آية (٤-٥).

كَامِلَيْنِ لِمَنْ أَرَادَ أَنْ يُتِمَّ الرَّضَاعَةَ وَعَلَى الْمَوْلُودِ لَهُ رِزْقُهُنَّ وَكِسْوَتُهُنَّ بِالْمَعْرُوفِ لَا تُكَلَّفُ نَفْسٌ إِلَّا وُسْعَهَا لَا تُضَارَّ وَالِدَةٌ بِوَلَدِهَا وَلَا مَوْلُودٌ لَهُ بِوَلَدِهِ)[1].

وأما أجرة الرضاعة للطفل فإن الأم لا تجبر على إرضاع ولدها ، وذلك لقوله تعالى في محكم التنزيل: (فَإِنْ أَرْضَعْنَ لَكُمْ فَآتُوهُنَّ أُجُورَهُنَّ)[2].

فإذا انحصر إرضاع الولد بالأم ، بحيث يتضرر الولد بترك الأم إرضاعه، فعندئذ يجب عليها إرضاعه، ولها أن تطالب الأب بأجرة إرضاعه .

**ولايــة الأب :**

الأب هو القيّم على الأسرة ، وهو المسؤول عنها ، فهو قائدها ورئيسها وهو المدير لأمرها ، ولذلك كانت له أحقية الولاية والقوامة ، فهو الولي على أولاده الصغار والكبار غير المكلفين ذكوراً كانوا أو إناثاً، سواء أكان في النفس أو المال .

والشخص إما أن يكون صغيراً أو كبيراً ، والكبير إما أن يكون عاقلاً أو غير عاقل .

---

(١) سورة البقرة آية (٢٣٣) .
(٢) سورة الطلاق آية (٦) .

فإن كان كبيراً عاقلاً فلا ولاية لأحد عليه من حيث النفس والمال، بل هـو الـذي يتولى أمور نفسه ، ومع ذلك حق الولاية عليه يبقى للأب .

أما إن كان صغيراً أو كبيراً غير عاقل ، بأن كان مجنوناً أو معتوها ، فـإن ولايته لا تكون لنفسه ، لأنه عاجز عن ذلك ولا يستطيع أن يُعين نفسه ، بـل تكـون الولايـة المطلقة لأبيه ، وتستمر هذه الولاية ما دام الحال والواقع كذلك .

فإن تغير الواقع وأصبح الولد الصغير كبيراً عاقلاً بالغاً ، أو شفي الولد الكبير من الجنون ، انقطعت الولاية عنه ، وصار ولي نفسه وتبقى ولاية الأب عـلى أولاده ولايـة ندب واستحباب .

**الحضانة للطفل :**

الحضانة لغةً هي الحضن وهي الضم إلى الجنب ، والحضانة شرعـاً هـي تربيـة الطفل ممن له حق الحضانة .

فعندما يكون الطفل صغيراً ، وفي سن لا يعقـل فيهـا تمييـز الأشياء، ولا يـدرك الفرق بين معاملة أمه ومعاملة أبيه - كأن يكون في سن الفطام وما دونها أو ما فوقهـا بقليل - فإنه لا يميز ، فيضم بذلك لأمه ، وهذا ثابت عند جميع الأئمة بـأن الأم أحق بحضانة الطفل .

فقد روى أبو داوود عن عبد الله بن عمرو بن العاص : أن امرأة جاءت النبي صلى الله عليه وسلم وقالت : يا رسول الله إن ابني هذا كان بطني له وعاء ، وبدني له شِفاء ، وحجري له حواء ، وإن أباه طلقني وأراد أن ينزعه مني ، فقال رسول الله صلى الله عليه وسلم : أنت أحق به ما لم تنكحي .

ولا بد من مقومات للحضانة يجب توفرها في الحاضن ، فلا بد من الحكمة وسعة الصدر ، ولا بد من الخلق الكريم والتربية الصالحة ، ولا بد من توفر الصفات الحميدة ، والأخلاق الفاضلة ، وذلك لقوله صلى الله عليه وسلم : " **لا تدعوا على أنفسكم ، ولا تدعوا على أولادكم ولا تدعوا على خدمكم ، ولا تدعوا على أموالكم ، لا توافقوا من الله تعالى ساعة يسأل فيها عطاء فيستجيب له** "[1]؛ أي أن يكون الإنسان حذراً من أن يكون دعائه في ساعة يستجيب فيها الله دعاء عباده فيقع ما يسوؤكم فيعكر صفو حياتكم .

وكذلك ما رواه أبو موسى عن ابن عباس رضي الله عنه أن أوس بن عبادة الأنصاري دخل على النبي صلى الله عليه وسلم فقال : يا رسول الله إن لي بنات أدعو عليهن بالموت ، فقال صلى الله عليه وسلم : " **ابن عبادة ، لا تدعُ عليهن ، فإن البركة في البنات ، هن المجملات عند النعمة ، والمعينات عند المصيبة ، والممرضات عند الشدة ، ثقلهن على الأرض ورزقهن على الله** " .

---

(١) رواه مسلم في صحيحه.

**الأرحام :**

لقد حث الإسلام على صلة الأرحام وجعلها من الأحكام الواجبة ، فقد روي عن النبي صلى الله عليه وسلم أنه قال : **( من أحب أن يُبسط له في رزقه ، وأن ينسأ له في أثره فليصل رحمه )** ، وقال صلى الله عليه وسلم : **( لا يدخل الجنة قاطع رحم )** .

وهذا وعيد لمن لم يصل رحمه ، وقال رسول الله صلى الله عليه وسلم: **" إن أعمال أمتي تعرض عشية الخميس ليلة الجمعة ، فلا يُقبل عمل قاطع رحم"**

يتبين لنا من استقراء هذه الأحاديث الطلب الجازم لصلة الرحم ، لأن الأحاديث اقترنت بالمدح لمن يصل رحمه ، وكذلك اقترنت بالوعيد لمن لم يصل رحمه .

فكانت صلة الأرحام فرض ، وقطيعة الرحم حرام ، أما من هم ذووا الأرحام الواجب صلتهم فهم الرحم المحرم مثل الخال والخالة والعم والعمة والجد للأم وولد البنت وولد الأخت وبنت الأخ ومن أدنى بأحد منهم .

من الأرحام رحم غير محرم مثل بنت العم وبنت الخال وهؤلاء كلهم من رحم محرم ورحم غير محرم هم المقصودون في قوله تعالى ( وَأُولُو الْأَرْحَامِ بَعْضُهُمْ أَوْلَى بِبَعْضٍ) (١).

---

(١) سورة الأحزاب (٦).

والمقصود بصلة الرحم هو صلة الرحم المحرم ، فلا يدخل فيها الرحم غير المحرم ، وصلة الأرحام تكون بأشياء متعددة مثل الزيارة في الأعياد والمناسبات ، والإهداء إليهم ، وقضاء حاجاتهم ، وإزالة أي مكروه يصيبهم وإبعاد الأذى والشر عنهم ، وفعل الخير لهم .

والقطيعة هي الإساءة إلى الرحم ، فكل إساءة إلى الرحم مهما قلت هي قطيعة للرحم .

أما صلة الأقارب فلقد حث الإسلام على صلة الأقارب. سأل رجل رسول الله صلى الله عليه وسلم : من أُبِر ، فقال له الرسول صلى الله عليه وسلم : "**أمك وأباك وأختك وأخاك ، وقال رسول الله صلى الله عليه وسلم : ابدأ بمن تعول ، أمك وأباك ، وأختك وأخاك ، ثم أدناك أدناك**". [1]

وعن ابن حكيم عن أبيه عن جده ، قال : قلت يا رسول الله ، من أبرّ قال صلى الله عليه وسلم : " **أمك ، قلت : ثم من ، قال : أمك ، قلت : ثم من ، قال : أمك ، قلت ثم من ، قال : أبوك ثم الأقرب فالأقرب** "[2].

---

( ١) رواه أحمد بن حنبل الجزء الثاني ص ٤٠٢.

(٢) رواه الدارمي، باب الأدب ص ١٣٠.

وقوله تعالى : (وَبِالْوَالِدَيْنِ إِحْسَانًا)[1]، وقوله صلى الله عليه وسلم : "**إن أطيب ما أكل الرجل من كسبه ، وإن ولده من كسبه**"[2]

ومن ذلك يتبين لنا أن الإسلام فرض علينا النفقة على القريب ذي الرحم المحرم ، قال تعالى في محكم التنزيل : (وَعَلَى الْمَوْلُودِ لَهُ رِزْقُهُنَّ وَكِسْوَتُهُنَّ بِالْمَعْرُوفِ)[3].

---

**(١) سورة البقرة آية (٨٣).**
**(٢) رواه ابن ماجه في صحيحه ج٢.**
**(٣) سورة البقرة آية (٢٣٣) .**

# نســاء مؤمنــات

**قصة صاحبة الشكال:**

( مِنَ الْمُؤْمِنِينَ رِجَالٌ صَدَقُوا مَا عَاهَدُوا اللَّهَ عَلَيْهِ فَمِنْهُمْ مَنْ قَضَى نَحْبَهُ وَمِنْهُمْ مَنْ يَنْتَظِرُ وَمَا بَدَّلُوا تَبْدِيلًا ).

هذه قصة من قصص سلف الأمة، نسطرها إجلالاً لتلك المرأة ذات الشِكال؛ ففيها العبرة لكل من في قلبه ذرة من شوق، وحنين لعز الإسلام والمسلمين، اللهم عجل لنا بنصرك الذي وعدت.

حكاية أبي قدامة مع المرأة التي ظفرت شعرها شِكالاً للفرس في سبيل الله حكاية مشهورة؛ حكاها جماعة منهم أحمد بن الجوزي الدمشقي ـ رحمه الله ـ في كتابه المسمى بسوق العروس وأُنس النفوس فحكى:

" إنه كان بمدينة رسول الله صلى الله عليه وسلم رجل يقال له أبو قدامة الشامي، وكان قد حبب الله إليه الجهاد في سبيل الله والغزو إلى بلاد الروم، فجلس يوماً في مسجد رسول الله صلى الله عليه وسلم يتحدث مع أصحابه، فقالوا له: يا أبا قدامه، حدثنا بأعجب ما رأيت في الجهاد، فقال أبو قدامة:" نعم إني دخلت في بعض السنين الرقة أطلب جملاً أشتريه ليحمل السلاح، فبينما

أنا يوماً جالس إذ دخلت علي امرأة فقالت: يا أبا قدامة، سمعتك وأنت تحدث عن الجهاد؛ وتحث عليه وقد رُزقتُ من الشَّعر ما لم يُرزقه غيري من النساء، وقد قصعته؛ وأصلحت منه شكالاً للفرس؛ وعفرته بالتراب كي لا ينظر إليه أحد، وقد أحببت أن تأخذه معك، فإذا صرتَ في بلاد الكفار، وجالت الأبطال، ورُميت النبال، وجُردت السيوف، وشُرعت الأسنّة، فإن احتجت إليه، وإلا فادفعه إلى من يحتاج إليه؛ ليحضر شعري، ويصيبه الغبار في سبيل الله، فأنا امرأة أرملة؛ كان لي زوج وعصبة كلهم قُتلوا في سبيل الله؛ ولو كان عليّ جهاد لجاهدت.

وناولتني الشكال؛ وقالت: اعلم يا أبا قدامة أن زوجي لما قُتل خلّف لي غلاماً من أحسن الشباب، وقد تعلم القرآن والفروسية والرمي على القوس، وهو قوّام بالليل صوّام بالنهار، وله من العمر خمس عشرة سنة وهو غائب في ضيعة خلفها له أبوه، فلعله يقدم قبل مسيرك فأوجهه معك هدية إلى الله عز وجل وأنا اسألك بحرمة الإسلام، لا تحرمني ما طلبت من الثواب.

فأخذت الشكال منها؛ فإذا هو مظفور من شعرها فقالت: ألقه في بعض رحالك وأنا أنظر إليه ليطمئن قلبي، فطرحته في رحلي وخرجتُ من الرقة ومعي أصحابي، فلما صرنا عند حصن مسلمة بن عبد الملك إذا بفارس يهتف من ورائي: يا أبا قدامة؛ قف علي قليلاً يرحمك الله، فوقفت وقلت لأصحابي: تقدموا أنتم حتى أنظر من هذا، وإذا أنا

بفارس قد دنا مني وعانقني وقال: الحمد لله الذي لم يحرمني صحبتك، ولم يردني خائباً.

قلت للصبي: أسفر لي عن وجهك، فإن كان يلزم مثلك غزو أمرتك بالمسير، وإن لم يلزمك غزو رددتك، فأسفر عن وجهه؛ فإذا به غلام كأنه القمر ليلة البدر وعليه آثار النعمة، قلت للصبي: ألك والد؟ قال: لا بل أنا خارج معك أطلب ثأر والدي لأنه استشهد؛ فلعل الله يرزقني الشهادة كما رزق أبي.

قلت للصبي: ألك والدة؟ قال: نعم. قلت: اذهب إليها فاستأذنها فإن أذنت؛ وإلا فأقم عندها، فإن طاعتك لها أفضل من الجهاد؛ لأن الجنة تحت ظلال السيوف، وتحت أقدام الأمهات، قال: يا أبا قدامة أما تعرفني؟ قلت: لا، قال: أنا ابن صاحبة الوديعة، ما أسرع ما نسيت وصية أمي صاحبة الشِكال! وأنا إن شاء الله الشهيد ابن الشهيد، سألتك بالله لا تحرمني الغزو معك في سبيل الله، فإني حافظ لكتاب الله، عارف بسنة رسول الله صلى الله عليه وسلم ، عارف بالفروسية والرمي، وما خلفت ورائي أفرس مني، فلا تحقرني لصغر سني، وإن أمي قد أقسمت عليّ أن لا أرجع، وقالت: يا بُنيّ إذا لقيت الكفار فلا تولهم الدُّبُرَ، وهب نفسك لله، واطلب مجاورة الله تعالى، ومجاورة أبيك مع إخوانك الصالحين في الجنة، فإذا رزقك الله الشهادة، فاشفع فيّ، فإنه قد بلغني أن الشهيد يشفع في سبعين من أهله وسبعين من جيرانه، ثم ضمتني إلى صدرها، ورفعت

رأسها إلى السماء وقالت: إلهي وسيدي ومولاي، هذا ولدي، وريحانة قلبي، وثمرة فؤادي، سلمته إليك، فقربه من أبيه.

فلما سمعت كلام الغلام، بكيت بكاءً شديداً أسفاً على حسنه، وجمال شبابه، ورحمة لقلب والدته، وتعجباً من صبرها عنه، فقال: يا عم مم بكاؤك؟ إن كنت تبكي لصغر سني، فإن الله يعذب من هو أصغر مني إذا عصاه. قلت: لم أبك لصغر سنك، ولكن أبكي لقلب والدتك، كيف تكون بعدك.

وسرنا، ونزلنا تلك الليلة، فلما كان الغداة، رحلنا، والغلام لا يفتر من ذكر الله تعالى، فتأملته، فإذا هو أفرس منا، إذا ركب، وخادمنا، إذا نزلنا منزلا، وصار كلما سرنا، يقوى عزمه، ويزداد نشاطه، ويصفو قلبه، وتظهر علامات الفرح عليه.

فلم نزل سائرين حتى أشرفنا على ديار المشركين عند غروب الشمس، فنزلناه فجلس الغلام يطبخ لنا طعاماً لإفطارنا، وكنا صياماً، فغلبه النعاس؛ فنام نومة طويلة، فبينما هو نائم، إذ تبسم في نومه فقلت لأصحابي: ألا ترون إلى ضحك هذا الغلام في نومه؟ فلما استيقظ، قلت: حبيبي، رأيتك الساعة ضاحكاً مبتسماً في منامك، قال: رأيت رؤيا فأعجبتني وأضحكتني، قلت: ما هي؟ قال: رأيت كأني في روضة خضراء أنيقة فبينما أنا أجول فيها إذ رأيت قصراً من فضة شُرفه من الدر والجواهر، وأبوابه من الذهب، وستوره مرخية، وإذا جواري يرفعن

الستور، وجوههن كالأقمار، فلما رأينني قلن لي: مرحبا بك. فأردت أن أمد يدي إلى إحداهن فقالت: لا تعجل ما آن لك، ثم سمعت بعضهن يقول لبعض: هذا زوج المرضية، وقلن لي: تقدم يرحمك الله، فتقدمت أمامي. فإذا في أعلى القصر غرفة من الذهب الأحمر، عليها سرير من الزبرجد الأخضر قوامه من الفضة البيضاء عليه جارية وجهها كأنه الشمس لولا أن الله ثبت علي بصري، لذهب وذهب عقلي من حسن الغرفة، وبهاء الجارية، فلما رأتني الجارية قالت: مرحبا وأهلاً وسهلاً يا ولي الله وحبيبه، أنت لي وأنا لك فأردت أن أضمها إلى صدري فقالت: مهلاً، لا تعجل، فإنك بعيد من الخنا، وإن الميعاد بيني وبينك غداً بعد صلاة الظهر فأبشر.

قال أبو قدامة: قلت له حبيبي، رأيت خيراً، وخيراً يكون، ثم بتنا متعجبين من منام الغلام، فلما أصبحنا تبادرنا، فركبنا خيولنا، فإذا المنادي ينادي: يا خيل الله اركبي، وبالجنة أبشري، انفروا خفافاً وثقالاً وجاهدوا.

فما كان إلا ساعةٌ، وإذا جيش الكفر ـ خذله الله ـ قد أقبل كالجراد المنتشر، فكان أول من حمل منا فيهم الغلام، فبدد شملهم، وفرق جمعهم، وغاص في وسطهم، فقتل منهم رجالاً وجندل أبطالاً، فلما رأيته كذلك، لحقته، فأخذت بعنان فرسه وقلت: يا حبيبي، ارجع؛ فأنتَ صبي ولاتعرف خدع الحرب. فقال: يا عم، ألم تسمع قول الله تعالى: ( يَآ أَيُّهَا

﴿الَّذِينَ آمَنُوا إِذَا لَقِيتُمُ الَّذِينَ كَفَرُوا زَحْفًا فَلَا تُوَلُّوهُمُ الْأَدْبَارَ﴾ أتريد أن أدخل النار؟ فبينما هو يكلمني إذ حمل علينا المشركون حملة رجل واحد، حالوا بيني وبين الغلام ومنعوني منه، واشتغل كل واحد منا بنفسه.

وقُتل خلق كثير من المسلمين، فلما افترق الجمعان إذ القتلى لا يُحصَوْن عدداً فجعلت أجول بفرسي بين القتلى ودماؤهم تسيل على الأرض ووجوههم لا تُعرف من كثرة الغبار والدماء، فبينما أنا أجول بين القتلى وإذا أنا بالغلام بين سنابك الخيل قد علاه التراب وهو يتقلب في دمه ويقول : يا معشر المسلمين، بالله ابعثوا لي عمي أبا قدامة فأقبلت عليه عندما سمعت صياحه فلم أعرف وجهه لكثرة الدماء والغبار ودوس الدواب فقلت: أنا أبو قدامة.

قال: يا عم، صدقت الرؤيا ورب الكعبة، أنا ابن صاحبة الشِكال، فعندها رميت بنفسي عليه فقبلت بين عينيه ومسحت التراب والدم عن محاسنه وقلت: يا حبيبي لا تنس عمك أبا قدامة في شفاعتك يوم القيامة، فقال: مثلك لا يُنسى، لا تمسح وجهي بثوبك ثوبي أحق به من ثوبك، دعه يا عم، ألقى الله تعالى به، يا عم، هذه الحوراء التي وصفتها لك قائمة على رأسي تنتظر خروج روحي، وتقول لي عجّل؛ فأنا مشتاقة إليك، بالله يا عم إن ردّك الله سالماً فتحمل ثيابي هذه المضمخة بالدم لوالدتي المسكينة الثكلاء الحزينة وتسلمها إليها لتعلم أني لم أضيع وصيتها ولم أجبن عند لقاء المشركين، واقرأ مني السلام عليها، وقل لها:

إن الله قد قبل الهدية التي أهديتِها، ولي يا عم، أخت صغيرة لها من العمر عشر سنين كنت كلما دخلت استقبلتني تسلم علي، وإذا خرجتُ تكون آخر من يودعني عند مخرجي، وقد قالت لي: بالله يا أخي لا تُبْطِ عنّا، فإذا لقيتَها فاقرأ عليها مني السلام، وقل لها: يقول لك أخوك: الله خليفتي عليك إلى يوم القيامة، ثم تبسم وقال: أشهد أن لا إله إلا الله وحده، لا شريك له، صدق وعده، وأشهد أن محمداً عبده ورسوله، هذا ما وعدنا الله ورسوله، وصدق الله ورسوله، ثم خرجت روحه، فكفناه في ثيابه، ووريناه - **رضي الله عنه** وعنا - به.

فلما رجعنا من غزوتنا تلك، ودخلنا الرقة، لم تكن لي همة إلا دار أم الغلام، فإذا جارية تشبه الغلام في حسنه وجماله، وهي قائمة بالباب وتقول لكل من مر بها: يا عم، من أين جئت؟ فيقول: من الغزو، فتقول: أما رجع معكم أخي؟ فيقولون: لا نعرفه، فلما سمعتها تقدمت إليها فقالت لي: يا عم من أين جئت؟ قلت: من الغزو، قالت: أما رجع معكم أخي ثم بكت وقالت: ما أبالي، يرجعون وأخي لم يرجع فغلبتني العَبْرة، ثم قلت لها: يا جارية قولي لصاحبة البيت: إن أبا قدامة على الباب، فسمعت المرأة كلامي، فخرجت وتغير لونها، فسلمت عليها، فردت السلام وقالت: أمبشراً جئت أم معزياً؟ قلت: بيّني لي البشارة من التعزية - رحمك الله - قالت: إن كان ولدي رجع سالماً، فأنت معز، وإن كان قُتل في سبيل الله، فأنت مبشر، فقلت: أبشري فقد قُبلت هديتك،

فبكت وقالت: الحمد لله الذي جعله ذخيرة يوم القيامة، قلت: فما فعلت الجارية أخت الغلام، قالت: هي التي تكلمك الساعة، فتقدمت إلي، فقلت لها: إن أخاك يسلم عليك، ويقول لك: الله خليفتي عليك إلى يوم القيامة، فصرخت ووقعت على وجهها مغشياً عليها، فحركتها بعد ساعة، فإذا هي ميتة، فتعجبت من ذلك، ثم سلمت ثياب الغلام التي كانت معي لأمه، وودعتها وانصرفت حزيناً على الغلام والجارية، ومتعجباً من صبر أمهما.

قال المؤلف وقد ذكر الحافظ العلامة أبو المظفر بن الجوزي إنه حين بلغته هذه الحكاية جمع عنده من الشعور ما ظفره، فكان منه ثلاثمائة شِكال، وتقدم ذلك في الباب الرابع، والله الموفق للصواب.

اللهم احشرنا مع ابن صاحبة الشِكال وأرنا يوماً كيوم بدر يا رب السماوات والأرض.

# المساواة بين الرجل والمرأة

إن موضوع المساواة بين المرأة والرجل موضوع خطير ، كان له تأثيره في الحياة الاجتماعية وفي السلوك البشري ، سواء السلوك الخاص أو السلوك العام .

حيث إننا نرى على المستوى العام كثيراً من الحكومات في العالم الإسلامي قد أقرّ المساواة بين المرأة والرجل باعتبارها جزءاً لا يتجزأ من الحرية والنهضة ، وباعتبارها حق من حقوق المرأة .

وذلك تحت ذريعة رد اعتبار لمكانة المرأة في المجتمع ، ولتصحيح النظرة الاجتماعية انعدمت خلالها إمكانية إنصاف المرأة .

أما على المستوى الفردي فإننا نرى رأي العين تدني الوعي في الواقع المعاصر عند النساء والرجال ، وما نتج عن ذلك من ابتزاز لجمال المرأة وجعلها سلعة رخيصة ، والدليل على ذلك واضح في عارضات الأزياء ، والإعلانات والأفلام الفاضحة الرخيصة .

وكذلك في ترك المرأة تعاشر من تشاء دون رابط شرعي ، بل لقد أصبحنا نرى النساء المسلمات لا يختلفن عن النساء الأوروبيات في لباسهن وأزيائهن ، وأصبحن لا يجدن حرجاً في ارتداء لباس البحر الذي يظهرهن شبه عاريات أمام الرجال دونما استحياء .

وكذلك فإن انشغال المرأة في قضية المساواة مع الرجل ، وطلبها بإصرار على ذلك جعلها تطلب المساواة في الفجور كنوع من أنواع المساواة الشاملة .

ولقد تلقفت ذلك كله الصهيونية العالمية ، سواء في عالم النظريات أو في عالم الواقع ، وخير دليل على ذلك ما فعله ماركس ، وفرو يد ، ـ ودركايم ، وغيرهم من العلماء الذين يهونون من أمر الأخلاق، بل ويسحقونه سحقاً ، ويدعون المرأة كل من ناحيته وكل بطريقته ، أن تخرج وتتمادى بنشاطها الجنسي ، حتى تتحلل المرأة من أخلاقها وقيمها لتكون فريسة سهلة في متناول الرجل .

وبعد ذلك وجدت دور السينما ـ وهي صناعية يهودية ـ وبثتها الإذاعة والتلفزيون والستلايت بقنواته الخليعة ، كلها تدعو إلى التحلل الجنسي والاستمتاع .

وظهرت بيوت الأزياء ، وبيوت الزينة ومراكز المساج والاستجمام، والتي تدعو إلى الاختلاط والإباحية ، وعلى ذلك فقد أصبح يُنظر إلى المرأة نظرة ازدراء وريبة .

يقول الأستاذ أبو الأعلى المودودي في كتاب الحجاب نقلاً عن أقوالهم، يقول: (فمن نظريتهم الأولية الأساسية في هذا الشأن ، أن المرأة ينبوع المعاصي ، وأصل السيئة والفجور , وهي للرجل باب من أبواب جهنم ، من حيث هي مصدر تحريكه وحمله على الآثام ، ومنها انبجست عيون المصائب الإنسانية جمعاء ، فبحسبها ندامة وخجلاً أنها امرأة ، وينبغي لها أن تستحي من حسنها وجمالها ، لأنها سلاح إبليس الذي لا يوازيه سلاح من أسلحته المتنوعة ، وعليها أن تكفّر ولا تنقطع عن أداء الكفارة أبداً ) [١] .

هكذا يصورون المرأة، إنها حقاً جاهلية جهلاء ، وهي من التقاليد البالية التي عفا عنها الزمن ، وينسبون ذلك للإسلام والإسلام من ذلك براء ، والإسلام لا يدافع عن أفكاره ومفاهيمه بل يهاجم الأفكار العفنة ويضع الأمور في نصابها ، ويبين الحقائق التي لا تقبل اللبس والإبهام ، بكل جدية ووضوح فالإسلام منهج رباني قويم يتحدى كل المناهج الأرضية، ويصرع كل أبواق الغرب الكافر،

---

(١) أبو الأعلى المدودي كتاب الحجاب ص ٢٥.

ويتحداهم في أفكارهم، ومفاهيمهم، وقيمهم، وتقاليدهم، وعقيدتهم، يتحداهم في كل شيء .

فالإسلام جاء لينقذ البشرية من التعاسة، والوحل، والتخبط في معالجة المشاكل، وبناء الحياة الاجتماعية الراقية التي ترقى بالبشرية، وتضعها في الطريق الصحيح، والطريق القويم .

والحقيقة أن الذي حصل في التاريخ الإسلامي قبل انهيار دولة الإسلام ، أن ضعف فهم الإسلام، وفقد استنارة أفكاره ومعالجاته لسوء التطبيق ، وأهملت اللغة العربية التي هي لغة القرآن، والتي لا يفهم القرآن إلا بلغته كما نزلت على قلب محمد صلى الله عليه وسلم .

### ومن تلك الحقائق التي ظهرت :

الحقيقة كان من بين تلك التقاليد التي تهاجم تقاليد جاهلية ارتدت إليها الأمة الإسلامية في فترة التخلف العقيدي ، كالتقاليد التي منعت تعليم المرأة ، والتي قضت بإساءة معاملتها وتحقيرها على أساس أن مهمتها أن تحمل وتلد، ولكن ليس لها كيان إنسان يوجب الاحترام ، وهي ردة جاهلية في هذا المجال، كانت الأمة قد هبطت إليها نتيجة البعد عن المنهج الرباني القويم ، الذي ساوى في الإنسانية بين كيان المرأة وكيان الرجل ، وإن فرق بينهما في بعض التكاليف وبعض الحقوق وبعض الواجبات، حيث قال سبحانه وتعالى : ( فَاسْتَجَابَ لَهُمْ رَبُّهُمْ أَنِّي

لَا أُضِيعُ عَمَلَ عَامِلٍ مِنْكُمْ مِنْ ذَكَرٍ أَوْ أُنْثَى بَعْضُكُمْ مِنْ بَعْضٍ)[1]. وقال تعالى: (مَنْ عَمِلَ صَالِحًا مِنْ ذَكَرٍ أَوْ أُنْثَى وَهُوَ مُؤْمِنٌ فَلَنُحْيِيَنَّهُ حَيَاةً طَيِّبَةً وَلَنَجْزِيَنَّهُمْ أَجْرَهُمْ بِأَحْسَنِ مَا كَانُوا يَعْمَلُونَ)[2]، وقال تعالى: (وَعَاشِرُوهُنَّ بِالْمَعْرُوفِ)[3] وقال صلى الله عليه وسلم: " **خيركم خيركم لأهله وأنا خيركم لأهلي** "[4].

ولقد كانت تلك التقاليد غير الإسلامية هي المدخل الخبيث الذي دخلته الأقلام المسمومة في الصحافة ووسائل الإعلام المختلفة من مسموعة ومرئية ومقروءة لمهاجمة التقاليد البالية بحجة أنها ليست من الإسلام، إنما هي من صنع المتزمتين ممن يسمون رجال الدين ورجال الكهنوت الذين أضفوا عليها قدسية الدين ليحموا من ورائها أنانيتهم وتزمتهم، مع العلم أنه لا يوجد في الإسلام رجال دين ورجال دنيا فهذا مصطلح دخيل على الإسلام والإسلام منه براء.

ومن هنا كان لا بد من معالجة الوضع برمته، وإعادة الأمور إلى نصابها، بعد تعرية الواقع المر الذي نعيشه، فمن الواقع السيئ مثلاً: أن

---

(١) سورة آل عمران آية (١٩٥).
(٢) سورة النحل آية (٩٧).
(١) سورة النساء آية (٣٩)
(٢) اخرجه الترمذي في سننه.

الجاهلية الحالية الحديثة قد مسخت فطرة الناس وأذواقهم وتصوراتهم وقيمهم ومفاهيمهم .

لقد عرّت الناس من اللباس وعرّتهم من التقوى ومن الحياء ، ثم تدّعي أن هذا رقيٌّ وحضارة وتجديد ، ثم تعيّر الكاسيات من الحرائر العفيفات المسلمات بأنهن رجعيات، ومتخلفات .

بل وماذا تقول للفتاة التي لا تكشف لحمها ، وماذا تقول للشاب الذي يستقذر اللحم الرخيص ، إنها تسمي ترفعهما هذا ونظافتهما وتطهرهما رجعية وتخلفاً وجموداً .

إن الجاهلية هي الجاهلية لا تتغير ، الذي يتغير هو الأشكال والظروف ، فالاستعباد الذي يسلب الإنسان أخص خصائصه وهو أنه عبدٌ لله الواحد القهار ، إلى أن يكون عبداً للعادات والتقاليد ، بل يجعله عبداً للأهواء وعبداً للشيطان وعبداً للأرباب الأرضية .

إن دور الأزياء ومصمميها وأساتذة التجميل ودكاكينها لهي الأرباب التي تكمن وراء هذا الخبل الذي لا تفيق منه نساء هذا القرن الحاضر .

إن هذه الأرباب والأصنام المتحركة تُصدر أوامرها للقطعان والبهائم العارية في أرجاء الأرض فتطيعها طاعة مطلقة .

ومن هو الذي يقبع وراء تلك البيوت التـي أعـدت للأزياء؟ ومـن وراء دكاكين التجميل؟ ومن وراء سُعار العري والتكشف؟ بـل مـن وراء الأفـلام والصـور والروايـات والقصص والمجلات والصحف والإعلام الرخيص؟ .

ومن وراء تلك الحملات المسعورة ؟ وبعضها أصبح فاخوراً متنقلاً للدعارة الذي يقبع وراء هذا كله ، ووراء هـذه الأجهـزة في العـالم كلـه هـم يهـود ، يهـود يقومـون بخصائص الربوبية على البهائم المغلوبة على أمرها، وأهدافهم هي إفساد العالم كله، وإشاعة الانحلال الخلقي والنفسي، وإفساد الفطرة البشرية ، وتسخيرها لخدمتهم .

ولذلك لا بد لطلائع البعث الإسلامي مـن إعـادة النـاس إلى فهـم الإسـلام فهمـاً صحيحاً لا يقبل المداهنة، ولا الترقيع، ولا أنصاف الحلول ولا المساومة على هذا الـدين، فالإسلام إسلام، وما دونه جاهلية وضـلال فـلا التقـاء في منتصـف الطريـق ولا بـد مـن الخروج من الجاهلية النكدة .

وخلع كـل شيء جـاهلي عـلى عتبـة الإسـلام، والتجـرد لله في الاعتقـاد، وجعل الألوهية لله وحده، وتقديم الشعائر التعبدية لله وحده، والدينونـة والاتبـاع والطاعـة والخضوع في كل أمور الحياة لله وحده .

لقد جاء الإسلام ليخرج الناس من عبادة العباد إلى عبادة رب العباد ، فكان لا بد أن يصل الأمر إلى الحسم والوضوح في نفوس

العصبة المؤمنة الواعية دون تلكؤ. إن القضية قضية مصيرية، قضية حياة أو موت ، وجود أو عدمه .

فلا بد للعصبة المؤمنة أن تعمل لإيجاد المجتمع المسلم الذي يتحاكم لشرع الله وحده ، ولا بد من تحديد نقطة البدء من حيث تقف البشرية ، لا من حيث تزعم .

وإن نقطة البدء أن يوجد أناس يدينون دين الحق فيشهدوا أن لا إله إلا الله وأن محمداً رسول الله ومن ثم يدينون لله وحده بالحاكمية والتشريع ويطبقون هذا في الواقع وبعد ذلك ينطلقون في الأرض لتحرير البشرية من الشقاء وإدخالهم في دين الله أفواجاً .

# المستقبل لهذا الدين

لقد عانى العالم من تحكم الحضارة الغربية الكثير الكثير ، ولقد استفحل شر تلك الحضارة على البشرية جمعاء .

وذلك لأنها لم تضمن للإنسانية طمأنينتها ، بل على العكس من ذلك فلقد سببت الشقاء الذي يتقلب العالم على أشواكه ، ويصطلي بناره

فلقد قامت على أساس فصل الدين عن الحياة وخالفت بذلك فطرة الإنسان التي فطر الله الناس عليها ، وجردت الناس من القيم الروحية والأخلاقية ، وجعلت الصلات بين الناس قائمة على أساس المنفعة والمصلحة .

ومن هذا المنطلق قامت الدول الغربية وعلى رأسها بريطانيا وفرنسا وأمريكا باستعمار البلاد واستعباد العباد من أجل الحصول على المنفعة ونهب الخيرات وإذلال الشعوب .

وأصبح العالم كله يقف على حافة الهاوية ، فلقد اعتبرت أمريكا الدولة الأولى في العالم أن العالم كله عبارة عن مزرعة، وهي تملك أكبر الأسهم في تلك المزرعة، فهي صاحبة القرار في كل أمر بناءً على مصالحها، ولكن تزين نفسها أمام الشعوب بأنها جاءت بالديمقراطية والحرية ، وهي عبارة عن شعارات خاوية واهنة كخيط العنكبوت .

وهاجمت أفغانستان والعراق بذريعة إذلال الإرهاب ، وهي من أوجد الإرهاب ، وجعلت من نفسها رأس جسر لليهود ليعيثوا بالأرض فساداً ، وجعلتهم رأس حربة تحول دون وجود الإسلام وحكمه في منطقة الشرق الأوسط ، لأنها تعلم أن المارد الإسلامي، وحركة البعث الإسلامي أصبحت تتململ وتتحرك ولأنها تعلم أنه إذا حكم الإسلام سوف يكون خطراً لا يمكن الوقوف أمامه طويلاً.

ومن استقراء الواقع فلقد ظهر فساد الحضارة الغربية وابتان عوارها واستفحل شرها ، ولم تأتِ للبشرية بشيء غير الشقاء والتعاسة .

وآن الأوان للعودة لهذا الدين الذي أنزله الله سبحانه وتعالى؛ ليسعد البشرية، ويخرجها من الوحل والمستنقع الآسن الذي وصلت إليه .

فالأمة الإسلامية خير أمة خرجت للناس، وهي تملك قوة العقيدة وما ينبثق عنها من أحكام ، فإذا غرست هذه العقيدة الإسلامية في

القلوب ، وتغلغلت في النفوس ، وتجسدت في العصبة المؤمنة، وجعلت منهم إسلاماً يتحرك بين الناس، عندئذ تكون لهم الغلبة والنصر ــ كيف لا ورسولنا الكريم يبشرنا بالتمكين للمؤمنين، والغلبة لهم في نهاية الأمر؟ .

قال صلى الله عليه وسلم :"إن أول دينكم نبوة ورحمة , فتكون ما شاء الله أن تكون , ثم يرفعها الله جل جلاله , ثم تكون ملكاً عضوضاً , فتكون فيكم ما شاء الله أن تكون , ثم يرفعها الله جل جلاله , ثم تكون ملكاً جبرية , فتكون فيكم ما شاء الله أن تكون , ثم يرفعها الله جل جلاله , ثم تكون خلافة على منهاج النبوة , تعمل في الناس بسنة النبي , ويلقي الإسلام بجرانه في الأرض يرضى عنه ساكن السماء وساكن الأرض , فلا تبقي السماء من قطرها إلا أنزلته , ولا تبقي الأرض من خيراتها ونباتها إلا أخرجته " .

ولكن هذا الدين بحاجة إلى جهود جبارة من العصبة المؤمنة فهم يتحدون الدنيا بأكملها , يتحدون الواقع وما يحوي من مفاهيم مغلوطة , ومن عادات وتقاليد بالية؛ ومن عقائد فاسدة , بل إنهم سوف يلاقون الصعاب والمشاق والابتلاء والفتن , فلا بد لهم من الصبر على السراء والضراء .

قال صلى الله عليه وسلم :"ألا إن سلعة الله عالية ألا إن سلعة الله الجنة "، الجنة التي تبذل لها النفوس رخيصة من أجل تحقيق منهج الله واستئناف الحياة الإسلامية.

ولكن لا بد من الصبر والثبات على الحق حتى يأذن الله بنصره عندئذ يفرح المؤمنون بنصر الله وتمكينه .

ولقد عانت العصبة المؤمنة سابقاً في زمن الرسول صلى الله عليه وسلم , ولاقوا من المشاق والصعاب والتعذيب والتنكيل الشيء الكثير حتى وصل بهم الحال من اليأس بأن اشتكوا إلى رسول الله صلى الله عليه وسلم فقالوا : ألا تستنصر لنا ؟ ألا تدعو لنا ؟

فقال : قد كان من قبلكم يؤخذ الرجل فيحفر له في الأرض , فيوضع فيها , ثم يؤتى بمنشار فيوضع في رأسه فيجعل نصفين , ويمشط بأمشاط الحديد مادون لحمه وعظمه , ما يصده ذلك عن دينه , والله ليتمن الله تعالى هذا الأمر حتى يسير الراكب من صنعاء إلى حضرموت فلا يخاف إلا الله والذئب على غنمه , ولكنكم تستعجلون وهذا الصحابي زيد بن الدثنة يقول مخاطباً الظالمين :

**ولست أبالي حين أُقتل مسلماً على أي جنب كان في الله مصرعي**

وكذلك موقف الصحابي بلال الحبشي مع كفار قريش وهم يضعون الصخرة على صدره ويطلبون منه بأن يسب محمداً ويكفر بدينه فيقول لهم أحد أحد والله لو أنني أعلم كلمة تغيظكم أكثر من هذه الكلمة لقلتها .

ومواقف الصحابة والتابعين وتابعيهم كثيرة، ومواقف العلماء كذلك، فهذا ابن تيمية شيخ الإسلام يقول عندما أخذ إلى سجن القلعة :

ماذا يملك مني أعدائي؟ إن بستاني وجنتي في صدري أينما ذهبت، إن قتلي شهادة، ونفيي سياحة، وسجني خلوة .

فإن أعداء هذا الدين لا يملكون سوى ذلك من وسائل , فعلى العصبة المؤمنة أن تستعلي بإيمانها على الواقع وتغيره , قال تعالى : (وَلَا تَهِنُوا وَلَا تَحْزَنُوا وَأَنْتُمُ الْأَعْلَوْنَ إِنْ كُنْتُمْ مُؤْمِنِينَ)[1].

فالناس يموتون، ولكن حامل هذا الدين يستعذب الشهادة، ويقبل عليها , قال تعالى : ( لَا يَغُرَّنَّكَ تَقَلُّبُ الَّذِينَ كَفَرُوا فِي الْبِلَادِ ( ١٩٦ ) مَتَاعٌ قَلِيلٌ ثُمَّ مَأْوَاهُمْ جَهَنَّمُ وَبِئْسَ الْمِهَادُ ( ١٩٧ ) لَكِنِ الَّذِينَ اتَّقَوْا رَبَّهُمْ لَهُمْ جَنَّاتٌ تَجْرِي مِنْ تَحْتِهَا الْأَنْهَارُ خَالِدِينَ فِيهَا نُزُلًا مِنْ عِنْدِ اللَّهِ وَمَا عِنْدَ اللَّهِ خَيْرٌ لِلْأَبْرَارِ)[2].

مهما تقلب الذين كفروا، ومهما أوتوا من قوة ومتاع , فإن متاعهم وقوتهم زائل , أما العصبة المؤمنة التي تتعلق بحبل الله وقوته، فإن لها التمكين والغلبة في النهاية , ولها كذلك جنات ونعيم دائم .

وكذلك لها الثواب العظيم والنصر المبين , قال الرسول صلى الله عليه وسلم بما معنى الحديث : سيأتي أقوام يوم القيامة يكون إيمانهم عجبا , يسعى

---

(١) سورة آل عمران آية(١٣٩)
(٢) سورة آل عمران آية(١٩٦).

نورهم بين أيديهم وبأيمانهم، فيقال: بُشْرَاكم اليوم، وسلام عليكم، طبتم فادخلوها خالدين , فتغبطهم الملائكة والأنبياء على محبة الله لهم , فيقول الصحابة : من هم يا رسول الله ؟ قال ليسوا منا ولا منكم , فأنتم أصحابي وهم أحبابي , هؤلاء يأتون بعدكم , فيجدون كتاباً عطله الناس وسنة أماتوها , فيقبلون على الكتاب والسنة يحيونها ويقرأونها ويعلمونها للناس , فيلاقون في سبيلها من العذاب أشد وأعنف مما لاقيتم , إن أيمان أحدهم بأربعين منكم , وشهيد أحدهم بأربعين من شهدائكم فأنتم تجدون على الحق أعوانا , وهم لا يجدون على الحق أعواناً , فيحاطون من الظالمين من كل مكان , وهم في أكناف بيت المقدس , وفي هذا الظرف يأتيهم نصر الله وستكون عزة الإسلام على أيديهم , وقال اللهم انصرهم؛ اللهم انصرهم؛ واجعلهم رفقائي على الحوض .

هذا هو الطريق لجعل المستقبل لهذا الدين, هذا هو الطريق؛ لإنهاء هذا الواقع الفاسد الذي طال ليله, وثقل ظله؛ ليبزغ فجر جديد؛ لإيجاد الإسلام في معترك الحياة؛ وليستأنف الناس الحياة الإسلامية، عندئذ يفرح المؤمنون بنصر الله , قال تعالى : ( يَا أَيُّهَا الَّذِينَ آمَنُوا إِنْ تَنْصُرُوا اللَّهَ يَنْصُرْكُمْ وَيُثَبِّتْ أَقْدَامَكُمْ )[1].

---

(١) سورة محمد آية (٧).

وقال تعالى : ﴿وَلَيَنْصُرَنَّ اللَّهُ مَنْ يَنْصُرُهُ﴾[1] , وقال تعالى : ﴿وَمَا النَّصْرُ إِلَّا مِنْ عِنْدِ اللَّهِ﴾[2].

وبقدرٍ من الله ـ سبحانه وتعالى ـ أصبحت الظروف التي تمر بها المنطقة مواتية لتمكين الصحوة الإسلامية , والبعث الإسلامي المشرق , وجعله يتولى زمام المبادرة وتحويل العالم إلى الاتجاه الصحيح وإسعاد البشرية بشرع الله , وحين يمكن الله الأمة المسلمة في الأرض يحدث تغيير جذري في حياة البشرية وبقدر من الله يُسخر أعداء الله كلهم للقيام بهذه المهمة , مهمة تمكين العصبة المؤمنة وتأهيلها , من خلال الأعمال التي يقومون بها من نعت المسلمين بالإرهاب والأصولية ومن التقتيل والتشريد والتجويع ومن نهب الخيرات , وبدافع من الحقد الأسود الذي يملأ صدورهم اتجاه الإسلام وحملته .

ولن يكون شيء من هذا نزهة أو سياحة يتنزه بها المسلمون , وليس طريقاً مفروشاً بالورد والرياحين , إنما هو الطريق الوعر المحفوف بالمخاطر , إنما هو العرق والدموع , إنه الدماء والأشلاء والعذاب , إنه الجهد الناصب , إنه طريق الصعاب والمشاق , إنه الطريق المحفوف بالمخاوف والوحوش الكاسرة الوالغة في الدماء، يسقط الشهيد تلو

---

(١) سورة الحج (٤٠).
(٢) سورة الأنفال (١٠).

الشهيد، بينما يسير الركب دون توقف لأنهم يسيرون بقدر من الله ووفق سنته التي لا تختلف .

قال تعالى : (وَلَا تَهِنُوا وَلَا تَحْزَنُوا وَأَنْتُمُ الْأَعْلَوْنَ إِنْ كُنْتُمْ مُؤْمِنِينَ ( ١٣٩ ) إِنْ يَمْسَسْكُمْ قَرْحٌ فَقَدْ مَسَّ الْقَوْمَ قَرْحٌ مِثْلُهُ وَتِلْكَ الْأَيَّامُ نُدَاوِلُهَا بَيْنَ النَّاسِ وَلِيَعْلَمَ اللَّهُ الَّذِينَ آمَنُوا وَيَتَّخِذَ مِنْكُمْ شُهَدَاءَ وَاللَّهُ لَا يُحِبُّ الظَّالِمِينَ ( ١٤٠ ) وَلِيُمَحِّصَ اللَّهُ الَّذِينَ آمَنُوا وَيَمْحَقَ الْكَافِرِينَ ( ١٤١ ) أَمْ حَسِبْتُمْ أَنْ تَدْخُلُوا الْجَنَّةَ وَلَمَّا يَعْلَمِ اللَّهُ الَّذِينَ جَاهَدُوا مِنْكُمْ وَيَعْلَمَ الصَّابِرِينَ)[١]

وفي نهاية المطاف ينصر الله جنوده، ويمكن لهم في الأرض، قال تعالى: (وَعَدَ اللَّهُ الَّذِينَ آمَنُوا مِنْكُمْ وَعَمِلُوا الصَّالِحَاتِ لَيَسْتَخْلِفَنَّهُمْ فِي الْأَرْضِ كَمَا اسْتَخْلَفَ الَّذِينَ مِنْ قَبْلِهِمْ وَلَيُمَكِّنَنَّ لَهُمْ دِينَهُمُ الَّذِي ارْتَضَى لَهُمْ وَلَيُبَدِّلَنَّهُمْ مِنْ بَعْدِ خَوْفِهِمْ أَمْنًا يَعْبُدُونَنِي لَا يُشْرِكُونَ بِي شَيْئًا وَمَنْ كَفَرَ بَعْدَ ذَلِكَ فَأُولَئِكَ هُمُ الْفَاسِقُونَ)[٢]، فها هي ملامح التمكين للمسلمين بدأت تظهر ؛ فاليهود أصبحت لهم سيطرة على متخذي القرار في سياسة العالم بل برسم سياسة الدول , وهم يخططون ضد الإسلام والمسلمين , ويحيكون المؤامرات تلو المؤامرات في المنطقة ولا يجدون من يردهم وهذا هو العلو الكبير , قال تعالى : ( وَقَضَيْنَا إِلَى بَنِي إِسْرَائِيلَ فِي

( ١ ) سورة آل عمران آية (١٣٩-١٤٢)
( ٢ ) سورة النور (٥٥).

الْكِتَابِ لَتُفْسِدُنَّ فِي الأَرْضِ مَرَّتَيْنِ وَلَتَعْلُنَّ عُلُوًّا كَبِيرًا). سورة الإسراء (٤)

وقال تعالى : فَإِذَا جَاءَ وَعْدُ أُولاَهُمَا بَعَثْنَا عَلَيْكُمْ عِبَادًا لَنَا أُولِي بَأْسٍ شَدِيدٍ فَجَاسُوا خِلَالَ الدِّيَارِ وَكَانَ وَعْدًا مَفْعُولاً . سورة الإسراء (٥)

وقال تعالى : ( وَقُلْنَا مِنْ بَعْدِهِ لِبَنِي إِسْرَائِيلَ اسْكُنُوا الأَرْضَ فَإِذَا جَاءَ وَعْدُ الْآخِرَةِ جِئْنَا بِكُمْ لَفِيفًا ) سورة الإسراء (١٠٤)

ولهذا ما نراه في الواقع من تجمع اليهود في بيت المقدس ومن وضع الجدار العازل الذي لا يقاتلون إلا من ورائه خوفاً من العصبة المؤمنة التي يصنع الله بها , بقدر منه التاريخ , ويمكن لهم في الأرض .

قال تعالى :( لَا يُقَاتِلُونَكُمْ جَمِيعًا إِلَّا فِي قُرًى مُحَصَّنَةٍ أَوْ مِنْ وَرَاءِ جُدُرٍ بَأْسُهُمْ بَيْنَهُمْ شَدِيدٌ تَحْسَبُهُمْ جَمِيعًا وَقُلُوبُهُمْ شَتَّى ذَلِكَ بِأَنَّهُمْ قَوْمٌ لَا يَعْقِلُونَ)[1], وكذلك يبشر الرسول صلى الله عليه وسلم حملة هذا الدين بالنصر البين على اليهود المفسدين. قال صلى الله عليه وسلم : **"لا تقوم الساعة حتى يقاتل المسلمون اليهود فيقتلهم المسلمون , حتى يختبئ اليهودي من وراء الحجر والشجر فيقول الحجر والشجر يا مسلم يا عبد الله هذا يهودي خلفي فتعال فاقتله , إلا الغرقد فهو من شجر اليهود"** . الحديث .

( ١) سورة الحشر (١٤).

واليهود يعرفون ذلك ويعرفون نهايتهم وإنها قد اقتربت , فهـم يغرسـون اليـوم شجر الغرقد حول بيوتهم خوفاً من المسلمين , وبقـدر مـن الله سبحانه تقـوم المعركـة الحاسمة بين المسلمين واليهود , ويستظل المؤمنون الموحدون في هذه المعركة برايـة **لا إله إلا الله محمداً رسول الله**، وتسقط كل الرايات من عددية وقوميـة ووطنيـة وتـراب وطني , فينتصر المسلمون نصراً حاسماً لا يبقي للكافرين أثر بعد عـين , وكل ذلـك بعد أن يستظل المسلمون بخلافة راشدة على منهاج النبوة , تزول بها غربة الإسلام التي يعانيها المسلمون اليوم. قال رسول الله صلى الله عليه وسلم : **"بدأ الإسـلام غريبـاً وسيعود غريباً كما بدأ فطوبى للغرباء الذين يصلحون ما أفسد الناس"** .

أولئك هم الأقلون عدداً الأكثرون عند الله مدداً , الذين باعوا دنياهم بـآخرتهم يرضى عنهم ساكن الأرض وساكن السماء , تجردوا من الدنيا وباعوا أنفسهم لله , رهبانـاً في الليل فرساناً في النهار، حملوا هذا الدين , وتعمقوا بآيات الله , فأصبحوا قرآنا يتحرك بين الناس آه آه شوقاً إلى رؤيتهم , وهم يحملون مشاعل الإيمان للبشرية , فتسعد بهم البشرية جمعاء . ويكون المستقبل لهذا الدين .

اللهم لا سهل إلا ما جعلته سهلا , وأنت تجعل الحزن إذا شئت سهلا.

اللهم يا مقلب القلوب والأبصار، ثبت قلوبنا على دينك.

اللهم اجعل القرآن ربيع قلوبنا، وصفاء نفوسنا، وقرة أعيننا

اللهم انصر الإسلام، وأعز المسلمين، وأعلِ بفضلك كلمة الحق والدين .

اللهم ارحم والدتي، وأسكنها جنات النعيم , مع الأنبياء والصديقين والشهداء، وارحم اللهم موتى المسلمين، وآخر دعوانا أن الحمد لله رب العالمين .

Printed in the United States
By Bookmasters